Erst Metallfieber und Moneten, dann Mannertstraße

Dem Andenken
meines Vaters Ernst Pürner
(1929 bis 2011)
gewidmet.

Stefan Pürner

Erst Metallfieber und Moneten, dann Mannertstraße

Der Röthenbacher Metalldiebe-Prozess von 1952

Mit einem Vorwort von
Prof. Dr. Dres. h.c. Friedrich-Christian Schroeder

Beiträge zur fränkischen Lokalgeschichte und –kultur
Band 1

Bibliografische Information der Deutschen Nationalbibliothek:
Die Deutsche Nationalbibliothek verzeichnet diese Publikation in der Deutschen Na-
tionalbibliografie; detaillierte bibliografische Daten sind im Internet über
http://dnb.dnb.de abrufbar.
© *2013 Stefan Pürner*
Vorwort: Friedrich-Christian Schroeder
Herstellung und Verlag: BoD – Books on Demand, Norderstedt
ISBN: 978-3-8482-2180-6

Inhalt

Vorwort

Als mich Stefan Pürner zum ersten Mal nach Röthenbach mitnahm, um mir seine Heimatstadt zu zeigen, beeindruckte mich sofort die starke Individualität, die dieser Ort trotz seiner Nähe zur Großstadt Nürnberg aufweist. Im Zentrum fordert das prächtige Rathaus aus der Gründerzeit Aufmerksamkeit, unweit davon vermitteln die in der Frühzeit der Industrialisierung errichteten schmucken Reihenhäuser für die Arbeiter der Grafitfabrik Conrad Conradty Behaglichkeit und Wohnlichkeit. Mit jeder Straßenecke verband Stefan Pürner Erinnerungen und Erzählungen. Er deutete damals schon an, dass er Material zu einem historischen Ereignis der frühen Nachkriegszeit sammle, das diesen Ort damals sehr beschäftigt und ihn sogar mit der Weltgeschichte verbunden habe. Das Ergebnis seiner Recherchen legt er in diesem Buch vor.

Da sind nicht nur viele Bürger der Stadt in einem anderthalb Monate dauernden Strafprozess unfreiwillig miteinander verbunden, sondern dieser Prozess findet auch wegen des großen Publikumsandrangs in einem Traditionswirtshaus mitten im Ort statt. Dies bietet Gelegenheit zu Streiflichtern auf zahlreiche Einzelschicksale. Die nächtliche Abwesenheit der Männer bei den Diebstählen gab auch Anlass zu manchen pikanten Abenteuern. Hauptort der Verführung zu den Diebstählen war der "3rd Army Metal Collecting Point" der Amerikaner, an dem diese in großem Stil - und hier kommt die Weltpolitik ins Spiel - Altmetall, vor allem ausrangiertes Kriegsmaterial, sammelten und nach Beginn des Koreakrieges über Bremerhaven in die USA transportierten, um ihren enorm gestiegenen Metallbedarf zu decken. So treffen sich in Röthenbach Anfang der fünfziger Jahre nicht nur die Schicksalslinien vieler Einzelpersonen, sondern auch die Linien der großen Weltpolitik.

Stefan Pürner verwertet in diesem Buch die umfangreiche, im Staatsarchiv erhaltene Originalakte, Presseberichte, Erzählungen von Zeitzeugen und seine Erfahrungen als Rechtsanwalt. Das Buch zeigt sein Gespür für die sozialen und historischen Dimensionen regionaler Ereignisse. Damit setzt er zugleich die heimatgeschichtlichen Arbeiten seines Vaters Ernst Pürner fort.

Prof. Dr. Dres. h. c. Friedrich-Christian Schroeder, Regensburg

1. Einleitung

1.1. Besonderheiten des Röthenbacher Metalldiebe-Prozesses

Bereits die Taten der Röthenbacher Metalldiebesbande weisen alle Elemente eines Kriminalromans mit humoristischer Note auf. Da gab es dreiste Diebstähle unter den Augen bewaffneter Wächter, skurrile Streitereien zwischen den Tätern während der Einbrüche und nächtliche Saufgelage als Auftakt zu kaltblütigen Raubzügen sowie gestrenge Ehegattinnen, die ihren Männern das Taschengeld kürzten, damit diese es nicht mit leichte Mädchen durchbringen konnten. Worauf diese Männer sich gezwungen sahen, zu stehlen, um weiter dem außerehelichen Vergnügen nachgehen zu können. Während des Prozesses gab es dann Szenen, bei denen die Zuhörer unvermeidlich in Lachen ausbrachen, aber auch handgreiflichen Streitigkeiten zwischen den Angeklagten. Und quasi als "Tüpfelchen auf dem i" fand der Prozess nicht in einem vornehmen, Respekt gebietenden Gerichtspalast, sondern in dem größten Wirtshaussaal des Ortes, vor täglich mehreren hunderten begierig lauschenden Nachbarn, Freunden und neugierigen "Tratschkatlln" statt.

Es ist deshalb sicher nicht übertrieben, zu sagen, dass sich ein Drehbuchschreiber oder Romanautor die Geschichte der Röthenbacher Metalldiebesbande nicht besser ausdenken können hätte. Wieder einmal bewahrheitet es sich, dass das richtige Leben mehr Phantasie besitzt als der einfallsreichste Literat.

Voraussetzung für eine solche facettenreiche wahre Geschichte ist jedoch, dass einige Dinge zusammenkommen. Hier waren dies: Die allgemeine weltpolitische Situation Anfang der 1950-er Jahre, die verkehrsmäßige Lage von Röthenbach[1] an der Pegnitz, seine Industrie, aber auch ein spezifischer Menschenschlag, wie er vor allem in industriell geprägten Umgebungen vorkommt.

---

[1] Auch wenn es in Franken verschiedene Ortschaften mit dem Namen „Röthenbach" gibt und es deshalb häufig sinnvoll ist, den Namenszusatz "an der Pegnitz" zu verwenden, soll im Folgenden nur kurz von „Röthenbach" gesprochen werden. Verwechslungsgefahr mit einem der anderen Röthenbachs besteht wegen des typischen metallindustriellen Umfelds der Ereignisse nämlich nicht.

1.2. Das damalige zeitgeschichtliche Umfeld

Die Diebesserie der Röthenbacher "Gang" begann nach den Erkenntnissen der Staatsanwaltschaft im Jahre 1950. Damals war Deutschland geteilt. Die junge Bundesrepublik war gerade einmal ein Jahr alt. Theodor Heuss war Bundespräsident - und sollte es noch fast zehn Jahre lang bleiben. Konrad Adenauer war Bundeskanzler - und sollte dieses Amt sogar noch mehr als zwölf weitere Jahre innehaben. In der Rückschau mag die damalige Zeit beschaulich wirken. Tatsächlich aber war genau das Gegenteil der Fall: Nach dem großen Morden des Zweiten Weltkriegs zog nämlich keinesfalls Frieden ein, sondern die Teilung der Welt in zwei große feindliche politische Lager verfestigte sich zunehmend. Zudem lag durch den Koreakrieg, in dem sich erstmalig diese beiden ideologischen Lager auch militärisch gegenüberstanden, die Gefahr in der Luft, dass der "Kalte Krieg" zu einer "heißen" militärischen Auseinandersetzung zwischen den Atommächten werden könnte. Die Ereignisse in und um Röthenbach, von denen hier die Rede sein wird, zeigen dass die fünfziger Jahre auch in anderer Hinsicht, anders waren als wir uns das heute meist vorstellen: Zumindest in den Kreisen der Metalldiebe konnte von Sittenstrenge nämlich kaum die Rede sein.

Wer sich übrigens mit musikalischer Hilfe in die damalige Zeit zurückversetzen möchte, kann dies mit den Hits der Jahres 1952 tun, zu denen Lale Anderson mit *„Blaue Nacht am Hafen"*, Tex Ritter mit *„High noon (Do not forsake me)"* und Zarah Leander mit *„Wunderbar"* gehörten. Alles eher gemächliche Nummern, es sollte schließlich noch vier Jahre dauern, bis Elvis Presley im fernen Memphis seine ersten Schallplatte aufnahm.

1.3. Korea ist gar nicht soweit

Der Koreakrieg fand weit entfernt von Röthenbach statt, hatte aber dennoch vielfältige Auswirkungen, die bis in den Industrieort an der Pegnitz reichten. Zum einen stellte er einen Wendepunkt in der deutschen Geschichte dar, weil er dazu beitrug, die von Adenauer bereits vorher geplante Wiederbewaffnung der Bundesrepublik auch politisch durchsetzbar zu machen. Zum anderen gibt es ernst zu nehmende Stimmen, die diesen Krieg als eine der Mitursachen für das deutsche Wirtschaftswunder ansehen, da sich die Importnachfrage der USA in seiner Folge wesentlich erhöhte. Damit stieg auch der deutsche Export von Stahl und Konsumgütern in die USA und andere Staaten.

Dieser Krieg, der heute mitunter auch als "der vergessene Krieg" bezeichnet wird, trug jedoch auch direkt dazu bei, die unrühmlichen Helden der vorliegenden wahren Geschichte zu ihren Straftaten zu motivieren. Durch diese Auseinandersetzung stiegen nämlich weltweit die Metallpreise. Und Metall war etwas, das es in Röthenbach zu dieser Zeit im Überfluss gab. Zumindest dann, wenn man wusste, wie und wo man es "finden" konnte. Und wo man es gewinnbringend verkaufen konnte, ohne allzu lästige Fragen beantworten zu müssen.

Und für beides bot Röthenbach ideale Voraussetzungen. Der Grund dafür lag in den hiesigen Industrieanlagen und ihrer Nutzung in den unmittelbaren Jahren nach dem Krieg. Diese Industrieanlagen waren im Laufe des rasanten Wandels entstanden, der Röthenbach seit der Ansiedlung der Firma Conradty unweit der Eisenbahnline "links der Pegnitz" von einem Weiler mit wasserbetriebenen Mühlen zu einer industriell geprägten Kleinstadt[2] gemacht hatte. Alteingesessene Bevölkerung gab es hier kaum. Nur wenige Bewohner waren auch hier geboren. Der überwiegende Teil von ihnen war der Arbeit wegen zugezogen[3]. Von den übrigen waren die meisten erst Röthenbacher der zweiten Generation.

Übrigens waren die wenigsten der Zugezogenen Franken. Im Jahre 1918 beispielsweise stammten mehr als 60 % der Zuwanderer entweder aus der Oberpfalz, aus Westböhmen oder dem Böhmer- und Bayerwald.[4] Die meisten Einwohner hatten also, wie wir heute sagen würden, einen „Migrationshintergrund". Die Struktur der Röthenbacher Bevölkerung ist also ein weiterer Beleg dafür, dass der Franke, auch was seine Herkunft angeht, ein "(Zusammen)Gewürfelter" ist. Wie weit dieses "Gewürfeltsein" im Falle Röthenbachs ging, zeigt der interessante Umstand, dass nicht weniger als 129, aus Böhmen zugewanderte männliche Röthenbacher Einwohner im 1. Weltkrieg nicht in die Reichswehr, sondern in die österreichische Armee eingezogen wurden, da sie noch die Staatsbürgerschaft des Nachbarstaates besaßen[5].

Nachweisen kann man es freilich nicht, aber es ist zumindest möglich, dass dieses Fehlen einer langjährigen Zugehörigkeit zum jetzigen Heima-

---

[2] Die damals allerdings offiziell noch den Status eines Dorfes hatte.

[3] Im Jahre 1918 waren nur 6 % der Einwohner in Röthenbach geboren, vgl. *Ernst Pürner*, Die Industrie des unteren Pegnitztales und ihre geographischen Auswirkungen, (unveröffentlichte Zulassungsarbeit, im Folgenden kurz „Die Industrie") Röthenbach 1953, dort S. 70f.

[4] *Ernst Pürner*, Die Industrie, S. 71.

[5] So *Leonhardt Herbst*, Röthenbach – Am Anfang waren die Mühlen am Bach, Lauf a.d. Pegnitz, 2010, S. 250.

tort auch die teilweise bis ans Schamlose grenzende Art und Weise, in der die Taten der Metalldiebe begangen und in Röthenbach vorbereitet wurden, beeinflusste. Schließlich dürfte man sich in historisch gewachsenen Städten mit einer alteingesessenen Bevölkerung, in der sich schon die Großväter und -mütter gekannt haben, stärker kontrolliert fühlen als in einer sozialen Umgebung, in der es an allen Ecken und Enden von Zugezogenen nur so wimmelt.

1.4. Der "3rd Army Metal Collecting Point"

Die Zuwanderer kamen meist, um in dem Industriebetrieb Conradty zu arbeiten, der sich 1880 hier wegen der Nähe zur 1859 eröffneten Eisenbahnstrecke "links der Pegnitz" angesiedelt hatte. Der verarbeitete unter anderem Grafitkohle. Dieser Umstand führte dazu, dass Röthenbach wegen der Arbeiter, die man dort mit von Kohle geschwärzten Gesichtern auf dem Heimweg sehen konnte, und die manche an die Bewohner der einstigen deutschen Kolonie in Zentralafrika erinnerten, bis weit in das zwanzigste Jahrhundert im näheren Umland auch "Kamerun" genannt wurde.

Mit der Firma Diehl siedelte sich im Jahre 1937 ein weiteres Industrieunternehmen an, dieses Mal ein metallverarbeitendes. Dies, und der Umstand, dass die Röthenbacher Unternehmen von den Bombardements des Zweiten Weltkriegs verschont blieben, führte dazu, dass 1945 in der Arbeitergemeinde eine Infrastruktur vorhanden war, die sich hervorragend dazu eignete um von den Amerikanern für einen "Metallsammelpunkt" genutzt zu werden. Röthenbach war so zu einem der zentralen Punkte geworden, an dem die amerikanische Armee in Bayern Altmetall, von dem nach dem Krieg massenhaft verstreut im Lande herumlag, sammelte.

Was das genau war, dieser "Metallsammelpunkt der dritten Armee" und wie sich dessen Tätigkeit auf Röthenbach auswirkte, lässt sich wohl am besten durch einen Auszug aus einem der Bücher von Ernst Pürner, der als junger Mann dort als Übersetzer gearbeitet hat, beschreiben[6]. Dieser (und eine später folgende Passage aus dem Urteil des Metalldiebes-

---

[6] *Ernst Pürner,* 1945 - Ein Jahr wie kein anderes", Lauf a. d. Pegnitz, 2005, S. 160. Das Buch enthält eine detaillierte Schilderung der Entwicklung dieses Metallsammelpunktes und geht auch auf das dortige Alltagsleben ein. Die Bedeutung, die diese Einrichtung hatte, kann man unter anderem ersehen, dass eine Zeit lang für die dort arbeiten US-Amerikaner allabendlich Direktfahrten von einem Bahnsteig des Röthenbacher Bahnhofs, dem „Lucky Leave Terminal", zur Kurzzeiterholung in Nizza oder Paris angeboten wurden.

bandenprozesses) belegen auch, dass es damals in dem "proletarischen Dorf" alles andere als langweilig war. Ernst Pürner beschreibt die damalige Situation und ihre Auswirkungen auf Röthenbach nämlich so:

"Folglich beginnt der Wiederaufbau 1945 mit dem Aufräumen.
Wegzuräumen ist aber nicht nur der Schutt der Städte und Dörfer. Weg muss auch anderes Strandgut des Krieges, das überall herum liegt, wie ausgebrannte Autos und abgestürzte Flugzeuge.
Zu einer ersten Sammelstelle solcher Überbleibsel wird der "Kohlachplatz" ... Dort liegen wochenlang übereinander gestapelt Dutzende Autos herum ... Im Juli kommt System in diese Abfallwirtschaft. Die Amerikaner gründen in Röthenbach den "Third Army Metal Collecting Point", wie es offiziell heißt. Dafür beschlagnahmen sie den größten Teil vom "Werke III" der Firma Diehl - und das weite Gelände bis hin zur "Weißen Straße" Schwaig-Diepersdorf und bis hinunter nach Schwaig. Grund für diese Ortswahl sind das riesige Areal und die gute Anbindung an das Schienennetz ... Nun rollen im "Collecting Point" die Überreste der deutschen Kriegswirtschaft an."

Die Amerikaner hatten also auf dem Gelände der Firma Diehl eine Zentralstelle für die Sammlung von Metallabfällen aus der Umgebung eingerichtet, deren Tätigkeit in dem Buch von Ernst Pürner anschaulich und detailliert beschrieben wird. In den ersten Jahren nach dem Krieg scheint man in dieser Einrichtung auf dem Diehl-Gelände Metall vor allem gesammelt zu haben. Um das Jahr 1948 begann man demgegenüber, das Metall aus Röthenbach wegzubringen. Ernst Pürner schreibt hierzu[7]:

"... Hier hat vor einiger Zeit eine Umpolung stattgefunden. Wurde vorher das Material angefahren, so wird es jetzt, einigermaßen vorsortiert, wieder abgefahren. Die Amerikaner karren den "Schrott", im wahrsten Sinne des Wortes, nach Bremerhaven. Von dort aus wird die Kriegsbeute nach Amerika verschifft, um die Hochöfen zu füttern ... Diese langsame Räumung des "Metal Collecting Point" endet ungefähr 1950. Beim Blick über das wüste Gelände erscheint es öde und leer. Die Amerikaner räumen den "Point", der aufgehört hat, zu existieren. Nun entsteht hier für eine Übergangszeit ein rechtsfreier Raum.[8] Das weite Areal ist nicht mehr amerikanisch, aus mir unbekannten Gründen aber auch nicht wieder "diehlisch". Das wäre nicht erwähnenswert wenn ... Ja, wenn der Blick über das

---

[7] *Ernst Pürner, aaO, S. 180f.*
[8] Für Juristen gibt es eigentlich keinen rechtsfreien Raum. Aber in der Nachkriegszeit sah man das vermutlich anders.

Gelände nicht täuschen würde, denn das Gelände ist eben nicht "wüst und leer". Durch den jahrelangen Betrieb mit Lkw und Planierraupe ist sehr viel Material in den Sandboden hineingewühlt worden. Findige "Goldgräber" nützen das aus, errichten regelrechte "Claims", abgesteckt und auch während der Nacht bewacht wie man dies in Wildwestromanen nachlesen kann ... Schnell hat der Volksmund für diese neue Art der Arbeit eine Bezeichnung gefunden: "gogern". Wie viele Leute "gogern", wie viel Material sie ausgraben und wie hoch die Umsätze sind, darüber gibt es natürlich keine Statistiken[9].

Die Schilderung von eben deckt sich mit der Beschreibung der Situation in Röthenbach in dem Urteil vom 23. Dezember 1953:

"Die amerikanische Besatzungsmacht hatte nach dem Zusammenbruch große Mengen von deutschem Wehrmachtgut in Bayern erbeutet. Soweit es sich insbesondere um Gegenstände aus Metall handelte, wurden diese auf ein umzäuntes Gelände in der Nähe von Röthenbach verbracht. Um sie unbrauchbar zu machen, wurde mit Panzern über sie weggefahren. Dadurch wurden sie auch zumeist tief in die Erde hineingedrückt. Auch eigenes Kriegsmaterial, das späterhin unbenutzbar geworden war, behandelten die Amerikaner in derselben Weise. In der näheren Umgebung von Röthenbach, wo zum Schutz von Nürnberg zahlreiche Flakstellungen errichtet worden waren, war auch sonst noch Metall zurückgeblieben, insbesondere Leitungsdrähte und Kabel, die die Amerikaner nicht beachteten.

Das Altmetall, das in Folge der deutschen Produktionsbeschränkungen wertvoll geworden war, fand nach der Währungsreform das Interesse von Sammlern, da sie dafür wieder wertbeständiges Geld erhielten. Sie suchten das Metall zusammen, das früher der Wehrmacht gehört hatte, verstanden es aber auch, sich durch Bestechung von Wachposten im amerikanischen Depot Eingang zu verschaffen und dort zu graben. Manche stiegen über den Zaun und entwendeten dann unbemerkt Metall. Aber auch aus privatem Besitz wurde wegen der hohen Preise, die dafür gezahlt wurden, viel Altmaterial abgegeben."

---

[9] Anders als über die Umsätze der "Gogerer", die ihr Material aus dem sandigen Boden des Röthenbacher Reichswalds gegraben haben, gibt es über die Umsätze der Röthenbacher Metalldiebesbande übrigens konkretere Angaben. Die Staatsanwaltschaft hatte sich nämlich die Mühe gemacht, die illegal beschafften und weiter veräußerten Altmetallmengen zusammenzuzählen und Umsatz und Gewinn, die dadurch erzielt wurden, auszurechnen.

Wen genau die Röthenbacher "Metall-Goldgräber" bestochen haben, um auf das amerikanische Gelände zu kommen, sagt das Urteil leider nicht. Dazu hat es auch keinen Grund. Schließlich ging es in dem Gerichtsverfahren nicht um diese Bestechungen, sondern um viel hanebüchenere Vorgänge. Wer jedoch denkt, dass hier Röthenbacher Metallsucher amerikanische Wachsoldaten bestochen hätten, irrt. Nicht nur, weil sie dazu vermutlich überhaupt nicht die Mittel gehabt hätten. Die Amerikaner bewachten ihr Betriebsgelände nämlich gar nicht selbst, sondern hatten hierfür die so genannte "Plant Police" eingerichtet. Diese Privatpolizei bewachte nicht etwa Pflanzen, sondern das Betriebsgelände, die Fabrikanlage, und bestand aus Deutschen, meist ehemaligen Gendarmen, die noch keine Wiederverwendung gefunden hatten.[10]

1.5. Hunderte im ”Metallfieber

Auch das Gericht stellte, in seinem Urteil fest, dass 1950 wesentliche Veränderungen in dem ehemaligen "Metallsammelpunkt" stattfanden. Das Gericht glaubte sogar zu wissen, wie viele "Gogerer" auf dem Diehl-Gelände aktiv geworden. Hierzu führt es aus:

> *"Mit Beginn des Jahres 1950 ließen die Amerikaner das Graben und Sammeln von Altmetall in dem Depot in Röthenbach im Wesentlichen ungehindert zu. Arbeitslose und Rentner von nah und fern wurden von einem wahren Sammelfieber ergriffen. An vielen Tagen wühlten bis zur 1500 Personen den Boden im Depot nach Altmetall um."*

Da ist sie also, die Antwort auf die Frage wie viele ”Gogerer” damals in Röthenbach am Werk waren. Nicht weniger als eineinhalbtausend (!) sollen es gewesen sein! Man muss sich das einmal vorstellen: Röthenbach hatte damals ungefähr 9000 Einwohner. Demnach könnte man meinen, dass damals mehr als 15 % der Einwohner Röthenbachs nach Metall im Sand gebuddelt haben. Ganz ausgeschlossen ist dies nicht. Vermutlich ist aber auch der eine oder andere Einwohner einer Nachbargemeinde unter den ”Gogerern” gewesen. Nicht auszuschließen ist sogar, dass die Verlo-

---

[10] Warum im Englischen ein und dasselbe Wort – nämlich *plant* - sowohl "Pflanze" wie auch "Betriebsgelände" bedeuten kann, ist eine Frage, mit der man vermutlich die meisten Englischlehrer zur Verzweiflung treiben könnte. Möglicherweise, aber das ist nur so eine Vermutung, erklärt sich das dadurch, dass die ersten quasi industriell genutzten Betriebsgelände landwirtschaftlicher Natur, nämlich Plantagen, waren.

ckungen des schnellen Geldes auch den einen oder anderen Laufer dazu gebracht haben, seine, vermutlich genetische Abneigung gegen das Betreten des Röthenbacher Gemeindegebietes zu überwinden.

Andererseits müssen diese Angaben in dem Gerichtsurteil auch nicht stimmen. Das Gericht hatte schließlich nicht selbst gezählt, sondern es musste sich insoweit auf die Aussagen der Zeugen verlassen. Aber selbst, wenn es nur ein Zehntel oder Fünftel davon gewesen wäre: Das Diehl-Gelände hätte damals vermutlich eine ideale Kulisse für einen Wildwestfilm im Goldgräbermilieu abgegeben!

Röthenbach war also offensichtlich zur fränkischen "Boomtown" in Sachen Metallrecycling geworden. Kein Wunder dass sich, wie meist, zu den diejenigen, die im Schweiße ihres Angesichts mit der Schaufel in der Hand reich - oder zumindest ein bisschen reicher - werden wollten, auch solche gesellten, die am Handel noch mehr verdienten. Das Gericht beschreibt dies in seiner einleitenden Passage zum Urteil, in der auch bereits drei der Hauptpersonen der Ereignisse erwähnt werden, mit folgenden Worten:

"Da der Handel mit Altmetall einen guten Gewinn abfordert, machten in dem kleinen Röthenbach eine ganze Reihe derartiger Unternehmen auf. Neben anderen erhielt auch die Angeklagte Sonja Meier und zeitweise der Angeklagte Manfred Schulz und später dessen Frau die Erlaubnis zum Altwarenhandel."

Wer jetzt hinter dem Umstand, dass auch Frau Sonja Meier die Erlaubnis zum Altwarenhandel beantragt hatte, emanzipatorische Tendenzen vermutet, täuscht sich allerdings. Vielmehr handelte es sich dabei um eine, auch heute noch übliche Strohmann- bzw. Strohfraukonstruktion. Das Gericht, das sich an anderer Stelle auch Gedanken über das Verhältnis zwischen Herrn und Frau Meier und darüber, wer von beiden in der Beziehung die Hosen an hatte, machte, erläuterte dazu:

"Sonja Meier war als Inhaberin des Gewerbes nur vorgeschoben. Der Angeklagte Hans Meier, ihr Ehemann, hatte nach seiner Entlassung aus der Kriegsgefangenschaft den Holzhandel betrieben, hatte jedoch Verluste erlitten und sich dann auf betrügerische Geschäfte eingelassen, wegen deren er auch bestraft wurde. Obwohl er Schreinermeister war, beschloss er wegen der guten Gewinnchancen, sich auf den Altwarenhandel zu werfen. Da er wegen seiner zahlreichen Vorstrafen nicht auf eine Zulassung hoffen konnte, wurde das Gewerbe im Jahre 1949 auf den Namen seiner Frau angemeldet."

Wobei Sonja Meier zwar einen normalen Gewerbeschein hatte, aber nicht berechtigt war, mit Altmetall zu handeln. Was sie aber nicht hinderte, gerade dies ausgiebig zu tun. Was allerdings die Gewerbeaufsicht lange nicht störte. Hierzu stellten die Richter fest:

"Obwohl sie die besondere Erlaubnis zum Handel mit unedlen Metallen nicht besaß, wurden vorliegend diese aufgekauft und weiterveräußert. Die Verwaltungsbehörde unternahm dagegen zunächst nichts. Erst nach den hier zu behandelten Fällen wurden Sonja Meier und Hans Meier zur Anzeige gebracht und sind auch wegen eines fortgesetzten Vergehens gegen das Gesetz über den Verkehr mit unedlen Metallen inzwischen bestraft worden."

Sonja Meier konnte also, ähnlich wie andere Röthenbacher Altmetallwarenhändler, den Geschäftsbetrieb kräftig ausbauen. Dies führte schließlich, wie so oft in der Wirtschaft, auch zu Änderungen des Geschäftsmodells und zu Investitionen. Dazu wiederum das Urteil:

"Im gegenseitigen Konkurrenzkampf waren die Röthenbacher Altwarenhändler dazu übergegangen, größere Metallmengen direkt an der Sammelstelle abzuholen. Da die Einschaltung selbständiger Fuhrunternehmer den Gewinn schmälerte, schafften sich die Händler eigene Lastkraftwagen an. Auch die Mutter des Angeklagten Hans Meier, die Angeklagte Bärbel Meier erwarb ein neues Tempo-Dreirad und stellte es ihrem Sohn und ihrer Schwiegertochter für deren Betrieb unentgeltlich zur Verfügung."

Weiter berichtete das Gericht, dass mit dem Ausbruch des Korea-Krieges die Preise für Altmetall immer höher kletterten und Mitte 1950 den Höchststand erreichten. Für ein Kilogramm Kupfer wurden zum Beispiel 5,50 DM bezahlt. Und dann folgt eine Passage, durch die das schöne fränkische Wort "gogern" Eingang in die Rechtssprache fand.

"Wer den Tag über im Depot fleißig "gogerte" - wie das Graben nach Metall im Volksmunde bezeichnet wurde -, konnte es auf durchschnittlich 20 bis 30 DM bringen. Machte er aber einen besonders glücklichen Fund an Kupfer, so konnte er eine Tageseinnahme bis zu 300 DM erzielen. Infolgedessen war auch der Umsatz der Händler sehr hoch."

In Röthenbach gab es also wegen der geduldeten Gogerer viele Altmetallhändler. Und da eine sehr große Menge an Altmetall im Umlauf war, fiel es auch nicht weiter auf, wenn die Händler daneben auch Metall, das auf eindeutig illegale Weise erworben worden war, ankauften. Schließlich konnten sie immer behaupten, dass ihnen nichts aufgefallen sei. In Röthenbach war also ein ideales "unternehmerisches Umfeld" dafür, als Metalldieb oder als Händler, eine ordentliche Portion Geld zu verdienen, entstanden.

Die vom Gericht genannten „zwanzig bis dreißig DM" als üblicher Tagesverdienst klingen aus heutiger Sicht nicht nach besonders viel. Auch wenn der Verlauf der Verhandlungen zeigte, dass die Einnahmen der meisten Röthenbacher Metalldiebe vor allem in Alkoholisches und die Gunst von Frauen flossen, sollen an dieser Stelle die damaligen Preise für andere Güter genannt werden, um ein Gefühl für das, was man sich damals für dieses Geld kaufen konnte, zu geben. (Diese Preise findet man in den Anzeigen der Zeitungen, die über den damaligen Prozess berichtet haben.) Für ein halbes Kilo Walnüsse aus Italien etwa waren 1,25 DM zu bezahlen. Einen "Teddy-Bär, Größe circa 30 cm, Kunstseiden-Plüsch, goldfarbig mit Stimme" konnte man damals im Kaufhaus Merkur in Nürnberg schon für drei DM bekommen.

Für Metalldiebe mit Söhnen fing das Preisspektrum bei 2,50 DM an. Soviel kostete ein "Volkswagen mit Federwerk, gummibereift, verschiedene Farben, 23 cm lang". Das ist exakt derselbe Betrag, den eine "Laubsägegarnitur mit Drillbohrer und Vorlagen, fünfteilig " kostete. [11]

Bei manchen Produkten zeigt sich dass manche Waren im Lauf der Jahrzehnte inflationsbereinigt sogar erheblich billiger geworden sind. Für hundert Gramm „hochfeine Vollmilchschokolade" etwa musste man damals 0,55 DM auf die Ladentheke legen. Das ist nur etwas weniger als man heute für eine Tafel Schokolade von der Hausmarke eines Discounters bezahlen muss. Inflationsbereinigt ist Schokolade also heute, fast 60 Jahre später, wesentlich billiger als damals.

---

[11] Der Autor hat an dieser Stelle lange überlegt, ob es möglicherweise hilfreich wäre, für jüngere Leser, nähere Erläuterungen dazu zu machen, was eine "Laubsägegarnitur" ist und welche Bedeutung dieses Spielzeug früher hatte.

2.   Tätertypen und Tatmotive

2.1.   So viele unterschiedliche Charaktere wie Täter

Ein Metall verarbeitender Betrieb am Ort und hohe Metallpreise alleine hätten aber noch nicht ausgereicht, um Anlass für einen solchen, relativ einzigartigen Gerichtsprozess zu geben. Dazu braucht es auch die Täter für die entsprechenden Straftaten. Aber auch diese fanden sich in Röthenbach! Die Gründe lagen wiederum in einem speziellen "Mix" von zeitlichem Umfeld, örtlichen Bedingungen und Röthenbacher Naturell. Wer allerdings auf die Frage „Was waren die Röthenbacher Metalldiebe für Menschen?" eine kurze, knappe Antwort erwartet, wird enttäuscht werden. Auch wer eine einheitliche Antwort erwartet, wird sie nicht bekommen. Bei mehr als zwanzig Angeklagten kann es schließlich keinen einheitlichen Tätertyp geben. Da es bei einer solchen Anzahl aber auch unmöglich ist, jeden einzelnen anzusprechen, wollen wir an dieser Stelle nur die "Hauptdarsteller" und einige typische Vertreter der „kleinen Fische" vorstellen.

Da inzwischen alle von ihnen schon verstorben sind, können wir dies nur aufgrund der Darstellungen in dem Gerichtsurteil und der Presseberichte von damals tun. Was eigentlich nicht fair ist, da "Personenbeschreibung" in Gerichtsurteilen und insbesondere in Presseberichten eigenen Regeln folgen. Gerichtsurteile dienen auch dazu, das jeweilige Ergebnis zu rechtfertigen. Und Zeitungen wollen nicht nur informieren, sondern sie sollen sich auch verkaufen. Deshalb wird sich aus dem, was wir heute noch haben, die Wahrheit nur teilweise erschließen lassen.

Und auf noch etwas sollte im Zusammenhang mit den Informationen über die Angeklagten, die sich hier finden, hingewiesen werden: Diese Personen hatten in Wirklichkeit andere Namen als diejenigen, die sie hier tragen. Das hat zum einen rechtliche Gründe. Zum anderen sollen hier diese Menschen nicht nochmals öffentlich "vorgeführt", sondern ein Stück Röthenbacher Geschichte erzählt werden.

2.2.   Franz Klammer: Ein typischer Mitläufer

Einige der Hauptangeklagten waren barocke Gestalten, die die anderen sowohl in der Presseberichterstattung wie im Urteil überschatteten. Gerade deshalb soll hier an erster Stelle, stellvertretend für viele weitere, die als Helfer und Mittäter an den Taten beteiligt waren, ein Angeklagter vorgestellt werden, der nicht im Mittelpunkt des Interesses des Gerichts, der Presse und der Prozessbeobachter stand. Auch weil es von solchen Gehilfen vermutlich mehr gab als sich tatsächlich vor dem Landgericht verant-

worten mussten. Dafür spricht zum einen die große Anzahl der Angeklagten. Bei mehr als zwanzig "Fischen" schlüpft sicher schon einmal der
eine oder andere weitere durch das Netz. Zum andere hatte der Hauptangeklagte Hans Meier während des Prozesses auch damit gedroht, dass er
weitere Mittäter entlarven könne.[12]

Der erste Helfer, dessen Vorgeschichte hier vorgestellt wird, hatte ein
typisches, trauriges Nachkriegsschicksal, bei dem allerdings eine gehörige
Portion eigener Dummheit auch nicht fehlte. Damit steht seine Geschichte sicher auch für diejenigen von anderen, die in der Nachkriegszeit
als Helfer bei irgendwelchen Straftaten angeklagt wurden. Am 22. Juli
1952 sagte dieser 27-jährige Bauarbeiter, nennen wir ihn Franz Klammerer, während der Vernehmung als Beschuldigter im Ermittlungsverfahren
folgendes aus:

> "*Zur Person:* Ich habe nach Besuch der Volksschule die Lehrerbildungsanstalt
> besucht, weil ich Volksschullehrer werden wollte. Mit 17 Jahren wurde ich zum
> Kriegsdienst eingezogen. Ich bin beim Zusammenbruch zwar noch in Kriegsgefangen-
> schaft gekommen, aber nur ganz kurze Zeit ... Da mein Vater schon 1946 starb
> konnte ich meine Ausbildung nicht fortsetzen."

Weiter berichtet er, dass er dann eine Anstellung als Angestellter gefunden, aber bald wieder verloren habe. Der Grund dafür waren Diebstähle.
Dann heißt es wörtlich weiter:

> "Als ich aus der Strafhaft entlassen wurde, habe ich auf dem Bau gearbeitet,
> konnte das aber körperlich nicht durchhalten, da ich einen Unfall erlitten hatte. Ich
> war dann arbeitslos ... Ich hatte nur 24.- DM Unterstützung und meine Mutter
> mit drei jungen Geschwistern zu unterhalten. Ich verschaffte mir einige Nebenein-
> kommen durch Sammeln von Altmetall, das ich dann bei Hans Meier verkaufte.
> So bin ich mit Hans Meier und einigen anderen Personen, die im vorliegenden
> Strafverfahren eine Rolle spielen, näher bekannt geworden."

Eine Ausbildung, die durch den Kriegseinsatz unterbrochen wurde,
dann Gefangenschaft. Schließlich etwas Übermut, der zum Verlust des
Arbeitsplatzes führt. Dann noch ein, zwei dumme Zufälle. Und ehe man
sich richtig versieht, ist man in größere Dinge verstrickt. So ging es damals
sicher einigen. Bei Klammer geschah dieses Abgleiten in die Kriminalität

---

[12] Bei diesen Äußerungen kann es sich allerdings auch um Schutzbehauptungen gehandelt haben.

eher beiläufig. Eine wesentliche Rolle spielte dabei der spätere Angeklagte zu 1) Hans Meier der maßgeblichen Drahtzieher des Geschehens um das illegale Röthenbacher Altmetall.

Klammerer erinnerte sich an den Beginn seiner Beteiligung an den Metalldiebstählen bei seinen polizeilichen Vernehmungen so:

"Ich kann die zeitliche Aufeinanderfolge der Diebstähle, an denen ich beteiligt war, nicht mehr zusammenbringen. Angefangen hat es für mich jedoch mit Folgendem: Ich hatte Meier mitunter kleine Dienste geleistet, wie Auf- und Abladen, um mir damit etwas Geld zu verdienen. Meier hat mich öfter einmal zu einem Glas Bier eingeladen. Wenn er in einer Wirtschaft saß, ging es hoch her und er hat viele Leute eingeladen. So hatte ich das Gefühl, Meier müsse über ziemlich viel Geld verfügen. Wie er das verdiente, darüber war ich mir zunächst nicht im Klaren. Ich habe geglaubt, dass er das Geld ehrlich verdient haben konnte, durch die große Nachfrage, die damals nach Altmetall einsetzte und den großen Umsatz, den er hatte."

Klammer wusste aber relativ bald, dass Meiers Geld nicht aus ehrlichen Geschäften stammte. Und das kam folgendermaßen:

"Ich bin eines Abend auf dem Heimweg nach Hause gewesen, weil ich bei meiner Braut gewesen war, die einige Schritte von uns weg wohnt. Da sah ich auf der Straße den Lieferwagen von Meier, diesen selbst und unseren Nachbarn Herbert Schulz. der bei Meier viel aushalf."

Von Herbert Schulz wird an anderer Stelle noch die Rede sein. Die Aussage von Klammerer zeigt, dass die damaligen kriminellen Aktivitäten zahlreicher Röthenbacher von diesen nicht unbedingt als Staatsgeheimnis behandelt wurden. Man schien im Gegenteil sehr locker damit umzugehen. Klammerer sagte nämlich weiter aus:

"Meier sagte zu mir, als ich vorbeiging und stehen blieb, ob ich nicht mitmachen wollte, ich könnte mir leicht in einer Nacht DM 1.000,-- damit verdienen. Er hat mir zunächst nicht gesagt, um was es sich handeln sollte. Dass man sich nicht auf ehrliche

Weise einen solchen Betrag in einer Nacht erwerben kann, war mir klar, aber ich hörte nur den Betrag, der mich aus meiner Not hätte befreien können. So bin ich auf meine erste Diebesfahrt mitgekommen."

Diese Diebesfahrten liefen also anders ab als man es sich vermutlich vorgestellt hätte. Insbesondere handelte es sich dabei keineswegs um Aktionen, die von langer Hand in alle Einzelheiten geplant waren, sondern um Unternehmungen, bei denen man erst unmittelbar vor der Abfahrt entschied, wer alles mit von der Partie sein würde. Auch ging es dabei keineswegs "bierenst" zu, sondern Gerstensaft spielte eine nicht unerhebliche Rolle. Aber davon an anderer Stelle mehr.

Klammer wäre von sich aus wohl nie Straftäter geworden. Auch andere Angeklagte hielt das Gericht eher für Mitläufer. Über einen anderen Angeklagten meinte es beispielsweise:

"Nach seiner Persönlichkeit erscheint der Angeklagte nicht als der Mann, der fähig ist, selbstständig eine strafbare Handlung zu planen und sie allein konsequent durchzuführen. Wenn er jedoch von anderen ins Schlepptau genommen wird, dann ist er als Tatgenosse sehr interessiert und willig. Es liegt allein an seinen verkrüppelten Arm, dass er jeweils nur eine Aufpasserrolle übernehmen kann. Ebenso eifrig zeigte er sich bei der Auskundschaftung von Gelegenheiten. Wenn er nach Auskundschaftung einer Diebstahlsgelegenheit bei der Durchführung nicht mitgenommen wurde, ärgerte er sich darüber und beschwerte sich bei den anderen."

Dieser Angeklagte war übrigens nicht der einzige, der unter körperlichen Einschränkungen zu leiden hatte. Dies war auch bei einem seiner Komplizen der Fall, den das Gericht so beschrieb.

"Der Angeklagte stammt aus einer sehr kinderreichen Familie. Sein Vater starb frühzeitig; die Mutter musste sich in erster Linie um den Unterhalt für die Kinder kümmern und konnte sich seiner Erziehung nicht annehmen. Der Angeklagte selbst musste frühzeitig zum Unterhalt seiner Mutter und seiner Geschwister beitragen. Er ist recht arbeitswillig und stand auch bis 1949 fast ständig in Arbeit. Infolge seiner geistigen Schwerfälligkeit und Trägheit und eines Unfalls, bei dem er mehrere Finger der rechten Hand verlor, kann er jedoch nur zu wenigen Arbeiten verwendet werden. Darauf ist es zurückzuführen, dass er von 1949 ab mit nur kurzen Unterbrechungen arbeitslos war."

2.3.   Hans Meier: Ein Pate „made in Röthenbach"?

Es war bereits die Rede davon, dass Hans Meier sprichwörtlich im Vorbeigehen Mittäter anwarb. Deshalb wird es Zeit, diese zentrale Figur der Röthenbacher Metalldiebesszene näher vorzustellen. Das Gericht zumindest zeichnete weitgehend ein wenig schmeichelhaftes Bild von Meier, der zum Zeitpunkt der Verhandlung 39 Jahre alt war und bereits wegen einer anderen Verurteilung in Strafhaft einsaß. Wörtlich heißt es über ihn im Urteil beispielsweise:

> *"Der Angeklagte Hans Meier ist der Typ des Verschwenders. Er trank nicht nur selbst sehr gerne und viel, sondern pflegte auch, zumal wenn er schon angeheitert war, seine Kumpane oder sogar sämtliche Gäste des Lokals einzuladen. Zechen bis zu 400, --DM waren dabei keine Seltenheit. Wenn er seine Sauftouren unternahm, machte er bisweilen zwei oder drei Tage durch und ließ sich zu Hause nicht sehen.*

Eine Zeche von 400.--DM, also in etwa 200,00 Euro, ist auch heute noch kein kleiner Betrag! Für damalige Verhältnisse war das jedoch ein wahres Vermögen. Vor allem, wenn man bedenkt, dass sich an anderer Stelle in der Gerichtsakte eine Abrechnung der Spurensicherung findet, bei der eine Arbeitsstunde mit gerade einmal 3,-- DM abgerechnet wurde. Meier war also wirklich ein großer Verschwender. Doch das Landgericht warf ihm noch weitere Charaktermängel vor:

> *"Außerdem hatte er eine Vorliebe für leichte Mädchen und scheute sich nicht, deren Liebe für teures Geld zu erkaufen."*

Besonders schlimm an dieser Vorliebe war, dass Meier verheiratet war. Wobei ihn seine Frau, allerdings unbeabsichtigt, erst in die Situation brachte, die ihn nach einem illegalen Nebenverdienst suchen ließ. Das Gericht beschreibt dies wiederum in einem trockenen Stil, der schon fast eine humoristische Note besitzt:

> *"Dies* (gemeint ist die Vorliebe für leichte Mädchen) *führte zu häufigen Streitigkeiten mit seiner jungen Frau und seiner Mutter, die seinem Treiben nicht anders begegnen zu können glaubten, als dass sie ihn an die Einnahmen aus dem Geschäft, wenigstens für diesen Zweck, nicht heranließen. Um sich nun das für seine kostspieligen Vergnügungen notwendige Geld selbst zu verschaffen, beging er die Diebstähle und verkaufte das erbeutete Altmetall im Rahmen des Gewerbebetriebes seiner Frau, später insbesondere oftmals unterstützt von ihr."*

Nochmals langsam zum Mitschreiben und in etwas modernerem Deutsch: Meier hatte eine Vorliebe für Damen des horizontalen Gewerbes und hätte diese nach Auffassung des Gerichtes offensichtlich sogar aus den legalen Einnahmen der Familie finanzieren können. Da ihm seine Frau aber, aus wohl leicht nachvollziehbaren Gründen, "dafür" jedoch kein Geld gab, musste er sich das "Taschengeld" für dieses Vergnügen durch illegale Tätigkeiten beschaffen. Wobei er diese Tätigkeiten wiederum im Rahmen des Altmetallgeschäfts seiner Frau, also derjenigen, die genau dieses "Hobby" bekämpfte, abwickelte.

So weit ist dies (vielleicht) noch nachvollziehbar. Die Feststellung, allerdings, dass ihn später seine Frau bei den Straftaten, mit denen er das Geld für die leichten Mädchen verdiente, unterstützt hat, lässt jedoch an deren Vernunft (oder derjenigen des Gerichts?) zweifeln. Überhaupt kann man vermuten, dass bei Meier einiges durcheinander gelaufen ist. Was auch dazu geführte haben könnte, dass er seine verschiedenen "Hobbies" (Frauen, Trinken und illegales "Gogern") oft nicht mit der notwendigen Genauigkeit auseinander halten konnte. Möglicherweise war aber die regelmäßige Verquickung von Sauf- und anschließender Diebestour sogar Bestandteil einer eigenwilligen, aber wirksamen Strategie um Mittäter anzuwerben? (Doch dazu später, wenn von den Einzelheiten der Ausführungen der verschiedenen Taten die Rede ist.)

Ob man wegen der erheblichen außerehelichen Aktivitäten ihres Mannes mit Frau Meier unbedingt Mitleid haben muss, ist eine Frage, die sich nicht leicht beantworten lässt. Nach den damaligen Zeitungsberichten scheint sie ist es nämlich ihrem Mann in gleicher Münze zurückgezahlt zu haben. (Auch dazu weiter unten mehr.)

2.4.   Herbert Schulz: Erst "Adjutant", dann Gegenspieler

Herbert Schulz war zum Zeitpunkt der Verhandlung 41 Jahre alt, aber wegen einer Kriegsverwundung bereits Rentner. Wegen seiner beschränkten Arbeitsfähigkeit erhielt er eine Rente von 160,00 DM im Monat. Nach Feststellungen des Gerichts wäre er aber dennoch in der Lage gewesen, auf legalem Wege noch etwas dazu zu verdienen. Dafür sprach unter anderem, dass Schulz noch genug Kondition besaß, nicht nur bei den nächtlichen Diebesfahrten mitzufahren, sondern sich auch ausgiebig an den Saufgelagen, die vor- und nachher sattfanden, zu beteiligen. Ihm wurde vorgeworfen, als rechte Hand und, so die Presse, „Adjutant", von Meier einen Großteil zur Planung und Durchführung der angeklagten Ta ten beigetragen zu haben. Später allerdings verkrachte er sich mit Meier, so dass man gespannt sein konnte, wie sich d iese Feindschaft während des Prozesses äußern würde.

2.5.   Manfred Schulz: Sexuelle Hörigkeit und Deputatbier

Auf den ersten Blick ähnliche Motive wie bei Hans Meier fand das Gericht bei dem Angeklagten zu 3), den wir hier Manfred Schulz nennen wollen. Der damals 39-jährige verheiratete, in einer Brauerei angestellte Malergeselle Schulz war in punkto illegales Gogern zwar kein gänzlich unbeschriebenes Blatt, aber lange Zeit nicht besonders auffällig. Nach Feststellung des Gerichts hatte er an zwei nächtlichen Diebstählen, einem Anfang Juli 1950 in der Nähe von Treuchtlingen und einem anderer im selben Monat in Güntersthal in den Eckartwerken, teilgenommen. Dabei konnte das Gericht jedoch nicht eindeutig feststellen, ob er zu Beginn des Abends, als er mit seinen Mittätern zu den entsprechenden Tatorten aufbrach, überhaupt wusste, dass ein Diebstahl geplant war.
Nach diesen beiden Diebstählen war er dann - jedenfalls nach Feststellungen des Gerichtes - monatelang "regelmäßig der Arbeit nachgegangen", ohne dass er irgendwelche illegalen Gogereien begangen hätte. Dies änderte sich jedoch mit einem Moment schlagartig und Schulz wurde einer der eifrigsten Metalldiebe. Die Gründe hierfür liegen wieder in zwei bereits hinlänglich in Erscheinung getretenen Vorlieben: Der Freude am Alkohol und der ehewidrigen Zuneigung zum anderen Geschlecht.
Anders als Meier konzentrierte Schulz seine diesbezügliche außereheliche Vorliebe jedoch auf nur zwei Frauen. Diese "Bescheidenheit" bei der Quantität glich er durch größere Qualität der beiden Beziehungen wieder aus. Mit dem einem der "geschlamperten" Verhältnisse hatte er nämlich seit Jahren ein Kind. Und über die Beziehung zu der anderen Frau heißt es im Urteil:

„Der Angeklagte Manfred Schulz ... lernte im März oder April 1951 die Angeklagte Elfriede Schneider kennen. Obwohl er verheiratet war, ging er mit ihr ein Liebesverhältnis ein. Ihre gegenseitige Zuneigung nahm in einem solchen Maße zu, dass sie einander hörig wurden."

Ein Laster kommt selten alleine. Deshalb beließ es Schulz nicht bei dieser gleichermaßen hörigen wie auch ungehörigen außerehelichen Beziehung, sondern widmete sich außerdem dem Trinken. Und auch dieses zweite Laster wurde auf hohem Niveau betrieben. Dies war Schulz deshalb möglich, da er eine berufliche Stellung hatte, die den Alkoholbezug, wesentlich erleichterte. Er bekam nämlich die einzige Sorte Alkohol, die die von ihm im Übermaß Verehrte überhaupt mochte, kostenlos. Lassen wir wiederum das Gericht zu Wort kommen:

> *„Beide liebten den Alkohol. Der Angeklagte Manfred Schulz war zuletzt in einer Brauerei beschäftigt, hatte dort Deputatbier[13] erhalten. Dadurch hatte er sich noch mehr dem Trunk ergeben. Die Angeklagte Elfriede Schneider war in einer Gastwirtschaft aufgewachsen und von früh an Alkohol, und zwar ausschließlich in Gestalt von Bier, gewöhnt.“*

Unter "höriger Liebe" mögen sich der Leser (und der Autor) etwas anderes, wesentlich sexueller orientiertes, vorstellen als ausgedehnte Gelage mit Freibier von der Brauerei. Auch die weiteren Schilderungen der Zusammenkünfte lassen, in Anbetracht der ambivalenten Auswirkungen des Alkohols auf die männliche Libido[14], ahnen, dass der erotische Vollzug nicht gerade im Mittelpunkt dieser hörigen Liebe gestanden haben kann. Die Gelage fanden nämlich meist nicht in trauter Zweisamkeit statt, sondern im Beisein einer Person, mit der die meisten Männer wohl alles andere als Erotisches verbinden: Der Mutter der Angebeteten, hier also der unehelichen "Schwiegermutter". Im O-Ton meinten die Richter hierzu:

> *„Beide gingen häufig miteinander aus und veranstalteten auch Trinkgelage in der Wohnung der Schneider unter Beteiligung von ihrer Mutter. Dass Manfred Schulz die Zechen bezahlte und die Kosten für die Trinkgelage in der Wohnung der Schneider bestritt, sah die Angeklagte Elfriede Schneider als eine "selbstverständliche Kavalierspflicht" an. Aber auch Manfred Schulz zahlte widerspruchslos, um sich die Schneider geneigt zu erhalten und sie nicht zu verlieren.“*

So also sieht nach Auffassung eines fränkischen Landgerichts Hörigkeit aus: Ohne Hopfensaft nichts los!

---

[13] Deputatbier = Eine bestimmte, meist nicht eben geringe Menge Bier, die Brauereimitarbeiter zusätzlich zum Lohn umsonst von ihrem Arbeitgeber bekommen.

[14] Wer sich darunter nichts vorstellen kann, dem sei der Monolog des Torwächters in *Shakespeare's „Macbeth"* empfohlen, in dem es heißt *"It provokes the desire, but it takes away the performance"*. *Dorothea Tieck* übersetzte dies im 19. Jahrhundert eher verschämt mit: „Buhlerei befördert und dämpft er zugleich; er befördert das Verlangen und dämpft das Tun."

Kurz zurück zur zentralen Figur, die bei uns Hans Meier genannt wird. Bei ihr war es ja so, dass er das Geld aus dem illegalen Gogern benötigte, um seine außerehelichen Vergnügen finanzieren zu können. Bei Schulz scheint es gerade umgekehrt gewesen zu sein: Er brauchte das illegal verdiente Zubrot nicht, um sein außereheliches Leben zu finanzieren, sondern für seine gesetzlichen Unterhaltsverpflichtungen. Im Urteil heißt es nämlich, direkt anschließend an die Schilderung der Schulz'schen „Deputatbierorgien".

> *„Da er* (gemeint ist Schulz) *außerdem noch seine Familie zu unterhalten hatte, langte sein Arbeitsverdienst nicht mehr aus."*

Schulz befand sich also in einer Situation, in der man sein Geld zusammen halten sollte. Und wohl auch seinen Arbeitsplatz behalten, wenn es ohnehin nicht reicht. Schulz sah dies allerdings anders. Weiter schrieben die Richter nämlich:

> *„Er bekam auch schließlich Streitigkeiten mit seiner Arbeitgeberin, der Brauerei, so dass er diese Arbeitsstelle aufgab, in der Hoffnung, bei einem Malermeister Arbeit zu erhalten. Dies zerschlug sich jedoch."*

Die Arbeit weg. Nicht weil, wie heute zumeist, der Arbeitgeber Pleite geht oder noch mehr Profit machen will, sondern weil unser lieber Schulz wohl die Situation nicht richtig eingeschätzt hat. Und nun hatte er als Arbeitsloser, so die Reihenfolge des Gerichts, eine Geliebte und dazu noch eine Familie zu versorgen. Er suchte also neue Arbeit. Und wo? Natürlich in der Zeitung. In diesem Fall aber nicht im Anzeigenteil, sondern in den Kriminalberichten. Dazu wiederum das Gericht im Originalton:

> *„In der Zeit seiner Arbeitslosigkeit fand er in den Zeitungen mehrfach Berichte, die den Diebstahl von Telefonleitungen der Bundespost meldeten. Da der Preis des Kupfers damals sehr hoch stand, beschloss Manfred Schulz ebenfalls Telefonleitungen abzuzwicken und sich durch den Verkauf des Drahtes eine fortlaufende Einnahmequelle zu erschließen."*

2.6. Die angeklagten Frauen: Mitgefangen – mitgehangen?

Das waren nur einige von insgesamt sechsundzwanzig Angeklagten. Und jeder wurde auf seine eigene Weise in das Geschehen verwickelt. Bei den bisher vorgestellten Personen, vor allem bei Meier und Schulz, lagen dem typisch männliche Verhaltensweisen zugrunde. Bei den mitangeklagten Frauen war die Motivlage dagegen anderes. Obwohl diese Frauen in ihren jeweiligen Beziehungen durchwegs die Hosen angehabt zu haben scheinen, schlitterten sie doch im Gefolge ihrer Männer in die ganze Geschichte. Deshalb hier noch einige einleitende Bemerkungen zu drei der vier angeklagten Frauen, von denen zwei aus der Familie des Hans Meier stammten, nämlich seine Ehefrau und seine Mutter.

2.7.   Sonja Meier: Wie viel wusste sie?

Da war zum einen Sonja Meier, die Ehefrau des Hans Meier. Von ihr war ja oben schon die kurz Rede. Sie war 25 und damit vierzehn Jahre jünger als ihr Mann. Trotz des Altersunterschieds scheint sich ihre erotische Anziehungskraft auf ihren Gatten jedoch in Grenzen gehalten zu haben, da dieser häufiger diesbezügliche Abwechslung suchte. Was seiner Frau nicht ganz verborgen blieb und dazu führte, dass sie ihn finanziell knapp hielt. Das hinderte sie, zumindest nach Ansicht der Staatsanwaltschaft, jedoch nicht, ihn später bei einigen Raubzügen und beim Verkauf der Beute zu unterstützen, obwohl ihr Mann aus diesen Erlösen seine Eskapaden finanzierte. Ganz logisch erscheint dies nicht. Andererseits soll es ja so sein, dass liebende Menschen, auch Frauen, nicht immer unbedingt logisch handeln.

Jedenfalls zeichnete es sich schon im Vorfeld der Verhandlung ab, dass es bezüglich Sonja Meier darum gehen würde, herauszufinden, ob sie nur die betrogene Ehefrau war, die unwissend ihren Mann bei seinem illegalen Gelderwerb unterstützt hatte. Oder ob sie doch ein bisschen mehr wusste, als sie später zugab, und ihr Verhalten deshalb auch strafrechtlich relevant war.

2.8.   Bärbel Meier: Kann Autoverleihen eine Straftat sein?

Bärbel Meier war die Mutter des Hans und mit 61 Jahren gleichzeitig die älteste der Angeklagten. Abgesehen von einer Verurteilung wegen eines geringfügigen Diebstahls, die auch schon länger zurück lag, war sie nicht vorbestraft. Auch das unterschied sie von den meisten anderen Angeklagten. Anders als diese war sie auch nie an einem Tatort. Obwohl sie also immer im Hintergrund blieb, spielte sie für die Taten eine zentrale Rolle, da ihr das Lastendreirad gehörte, mit dem jeweils die Beute abtransportiert wurde, und das sie ihrem Sohn öfters lieh. Womit sie die Taten erst möglich machte. Außerdem lieh sie ihrer Schwiegertochter Geld, damit diese gestohlenes Metall ankaufen konnte. In einigen Fällen kaufte sie auch „heiße Ware" in Vertretung ihrer abwesenden Schwiegertochter an.

Das Gericht würde also darüber zu befinden haben, ob sie dadurch lediglich straflose Gefälligkeiten im familiären Bereich erwiesen oder aber
Straftaten begangen hatte.

2.9. Elfriede Schneider: Jung und lebensfroh - aber strafbar?

Während Sonja und Bärbel Meier im Familienverband lebten, scheint
die in Nürnberg geborene, ledige 29-jährige Verkäuferin Elfriede Schneider, von der oben ja bereits die Rede war, ein relativ ungebundenes Leben
geführt zu haben, bei dem sie sich häufige nächtliche Abwesenheiten,
Trinkgelage und mindestens eine gerichtsbekannte[15] Liebschaft erlauben
konnte. Fraglich war jedoch, ob sie im Zusammenhang mit den Diebstählen ihres Geliebten Manfred Schulz, die sie wohl mitbekommen hatte,
die Grenze zur Strafbarkeit dadurch überschritten hatte, dass sie ihn aktiv
bei der Tatausführung unterstützte.

---

[15] Die Presse spekulierte darüber hinaus über weitere Affären.

3. Die Vorwürfe der Staatsanwaltschaft

3.1. Vorbemerkung: Die Wahl der Qual

In einem Strafprozess geht es, vereinfacht gesprochen, darum das Gericht davon zu überzeugen, dass sich die Dinge auch tatsächlich so zugetragen haben, wie die Staatsanwaltschaft das behauptet. Wenn es die Staatsanwaltschaft nicht schafft, das Gericht von den Tatvorwürfen zu überzeugen, dann ist freizusprechen. "Im Zweifel für den Angeklagten" eben. Deshalb macht es Sinn sich zuerst einmal anzusehen, was überhaupt als Ergebnis der staatsanwaltlichen Ermittlungen den Gegenstand des Prozesses bildete.

Auch hier müssen wir wieder, wie bei den Angeklagten, schweren Herzens eine Auswahl treffen, da einfach zu viele Taten an verschiedensten Orten in Franken und angrenzenden Gebieten Bayerns angeklagt wurden. Im Urteil finden sich natürlich nur die bewiesenen Taten. Aber selbst deren Tatorte lesen sich wie das Register einer fränkischen Landkarte. Neben Röthenbach werden unter anderem genannt: die Ludwigshöhe, die Bahnstrecke Speikern-Rollhofen, Beerbach, Lauf am Letten, die Telefonleitung zwischen Schnaittach und Großbellhofen, die Fernsprechleitung bei Brunn, und eine toten Leitung am Bahnkörper in Lauf. Aber auch Treuchtlingen und die Eckartwerke bei Velden beehrten die Röthenbacher "Gogerer" mit ihrem dreirädrigen Lastfahrzeug.

Wenn selbst ein erfahrenes Strafgericht fast zwei Monate braucht um sich ein Urteil zu bilden, dann will das schon etwas heißen. Da sich vermutlich niemand beim Lesen ebenso viel Zeit nehmen will, um die Taten der Bande nachzuvollziehen, beschränken wir uns hier wieder auf einige "Highlights" oder, kaffekränzchenmäßig gesprochen "Sahnestückchen". Von einigen weiteren Taten, die den Angeklagten vorgeworfen wurden, wegen deren sie aber nicht verurteilt wurden, wird darüber hinaus im Zusammenhang mit dem Prozessverlauf die Rede sein.[16]

---

[16] Dennoch wird es nicht möglich sein, ein vollständiges Bild von allen Taten der Bande zu zeichnen. Dies auch, weil nicht alle mutmaßlichen Taten der Röthenbacher Bande in diesem Prozess angeklagt und verhandelt wurden. Gegen einzelne Mitglieder gab es nämlich schon vorher ein Strafverfahren. Deshalb wurden eine Reihe von früheren Taten in dem Röthenbacher Prozess nicht mehr angeklagt. Dazu gehören etwa Versuche, von Lokomotiven, die in den Bahnhöfen Hartmannshof, Irrenlohe und Treuchtlingen abgestellt waren, Messing und Kupfer zu entwenden.

In Anbetracht der großen Anzahl der Beteiligten, der Tatorte, der Vorgehensweisen und der Tatobjekte, ist es schwierig, den Überblick zu behalten. Deshalb macht es Sinn, vorab einige allgemeine Gemeinsamkeiten der Taten zusammenfassen, um einen ersten Eindruck vom Vorgehen der Täter zu geben, bevor die einzelnen Diebstähle, die den Angeklagten vorgeworfen wurden, vorgestellt werden. Das erleichtert es, den Überblick zu behalten.

3.2. Ein Prozess, aber keine einheitliche Bande

Ein allgemeiner Umstand, den man im Hinterkopf behalten sollte, ist, dass es eigentlich keine feste ”Röthenbacher Bande” gab. Das Ganze muss man sich eher so vorstellen wie einen lockeren Stammtisch: Einmal kommen mehr, ein anderes Mal weniger. An einem Tag ist dieser dabei, an einem anderen jener. Manchmal lädt man auch bestimmte Leute, die sonst eigentlich immer dabei sind, bewusst nicht ein, weil man sich kürzlich über sie geärgert hat.

Trotzdem gab es, wie an einem Stammtisch, welche, die (fast) immer dabei waren. Diese feste personelle Größe waren der Altmetallhändler Hans Meier und seine Frau Sonja. Der Frau wurde insbesondere vorgeworfen, dass über sie das erbeutete unedle Metall ”versilbert” worden sei. Hans Meier war dagegen nach Auffassung der Anklage der alleinige Organisator und Initiator der Diebstähle. Auch die Zeitungsberichte aus der damaligen Zeit lesen sich in diese Richtung. Allerdings ist ein Gericht weder an die Feststellungen der Anklageschrift noch an die Behauptungen von Journalisten gebunden. Es blieb also abzuwarten, ob das Gericht auch tatsächlich dieser Auffassung folgen würde.

3.3. Das Dreirad: Ein „Hanseat" in Franken

Mit dem Ehepaar Hans und Sonja Meier im Zusammenhang steht auch eine weitere Konstante, die bei vielen angeklagten Taten eine Rolle spielt: Bei ihr handelt es sich allerdings um keinen Menschen, sondern um ein Lastenfahrzeug. In den Gerichtsakten wird es meist nur als ”Dreirad” bezeichnet. Was heute, fast 60 Jahre später, zu irreführenden Assoziationen führen könnte. Deshalb lohnt es der Mühe, noch tiefer in die Akten einzutauchen und parallel dazu in den Weiten des Internets weitere Auskünfte über dieses Fahrzeug einzuholen.

Dabei lernt man dann, dass die Beliebtheit von motorisierten Dreirädern ihre Ursache in einem Gesetze von 1928 hatte, dem zufolge Kraftfahrzeuge mit weniger als vier Rädern und einem Hubraum von weniger als 350 Kubikzentimetern ohne Führerschein gefahren werden durften und steuerfrei waren. Der Akte kann man dann, an versteckter Stelle, anhand einer Mitteilung über den freihändigen Verkauf durch die "Gerichtsvollzieherei Nürnberg" in der Flaschenhofstraße aus dem Jahr 1955 entnehmen, dass es sich bei dem "Dreirad", das in Ermittlungsberichten, der Anklage und dem Urteil erwähnt wird, um ein "Kraftdreirad Marke Tempo Hanseat" gehandelt hat. Mehr über diesen Fahrzeugtyp erfährt man dann wiederum, mit ein bisschen Hilfe von "Sherlock Google": Danach war der "Tempo Hanseat" eine "Lastendreirad-Tiefpritsche", die vom Marktführer bei den Dreiradlieferwagen, der Hamburger Firma Vidal & Sohn, hergestellt wurde. Das Gefährt hatte einen Zweizylinder-Zweitakt-Motor, ein nicht synchronisiertes Dreiganggetriebe, Seilzugbremsen und gerade einmal 12 PS. Über die Geschwindigkeit lässt sich aus diesen Quellen nichts erfahren. Spätere, stärkere Modelle erreichten jedoch gerade einmal 40 km/h. Das Tatdreirad dürfte also eher langsamer gewesen sei.

Wichtiger als die Geschwindigkeit dürfte für die Gogerer die Nutzlast des Pritschenwagens gewesen sein. Sie lag bei 750 kg. Da passt also auch dann, wenn man drei starke Männer mit zwei Kasten Bier im Bauch sowie zwei leichte Mädchen an Bord hat, noch einiges an Altmetall oder Kupferdraht auf die Ladefläche. Bei solchen Vorzügen verwundert es nicht, dass ein Nachfolgemodell dieses Dreirads als "Bajaj Tempo Hanseat" in Indien bis Februar 2000 gebaut wurde.

Womit wir schon bei den nächsten gemeinsamen Merkmalen der angeklagten Taten sind. Das eine besteht im zeitlichen Zusammenhang der Diebstähle zum Kontakt mit leichten Mädchen und/oder außer- bzw. nebenehelichen Geliebten. Die nächste Gemeinsamkeit liegt in einem Umstand, der vielleicht erstaunen mag. Es geht ja um Metalldiebstähle, bei denen der teure Sekundärrohstoff landauf, landab, teilweise nach Klettertouren auf Masten oder über Mauern, teilweise unter den Augen von Wachleuten, zentnerweise gestohlen wurde.

Solche Husarenstücke stellt man sich eigentlich als stocknüchtern durchgeführte Aktionen vor. Weit gefehlt! Das Gericht meint dazu in seinem Urteil einleitend nur lapidar:

„Am Anfang fast jeder Diebesfahrt fand eine größere Trinkerei statt. Es bestand dann stets die Gefahr, dass Hans Meier Mädchen mit einlud, wieder im Großen freihielt und die Orgie mehrere Tage anhielt.“

Soviel zu den "gemeinsamen Nennern" der Taten: einem „Kernteam", das zu amourösen Abenteuern neigte, Bier und einem Dreirad.

3.4. Beobachtet, aber entkommen in der Uhrenfabrik Köhler

Einer der ersten Hinweise auf die dreisten Diebstähle, die später in Röthenbach verhandelt wurden, findet sich in einem Vorgang, der aufgrund eines nächtlichen Telefonanrufs bei einem Nürnberger Polizeirevier am 15. Juli 1950 angelegt wurde. Damals nämlich rief der Nürnberger Uhrenfabrikant Köhler spät abends gegen 22.45 Uhr im Nürnberger 21. Polizeirevier an. Er teilte mit, dass er soeben vier Männern beobachtet hätte, die sich auf seinem Betriebsgrundstück in der Simmelsdorferstraße zu schaffen machten. Die Hoffnung, dass die Einbrecher auf frischer Tat gefasst werden konnten, erfüllte sich jedoch nicht. Als Köhler nach diesem Anruf, den er von seiner Wohnung in der Michelfelderstraße getätigt hatte, wieder zurück zu seinem Betrieb kam, waren die Täter nämlich schon geflohen. Anderntags musste er feststellen, dass die Diebe Messing- und Kupferabfälle im Wert von immerhin 500,00 bis 600,00 DM mitgehen hatten lassen. Das war viel Geld damals.

Die Polizei untersuchte den Vorfall gründlich, jedoch erfolglos. Außer einem leeren amerikanischen Seesack, den die Täter offensichtlich dazu benutzt hatten, um die Beute von dem Betriebsgelände zu einem nahen Ruinengrundstück zu transportieren, fand der umgehend eingeschaltete Erkennungsdienst der Stadtpolizei Nürnberg keine weiteren Spuren. Immerhin konnte man jedoch anhand von Reifenspuren feststellen, dass es sich bei dem Fahrzeug, mit dem das gestohlene Metall abtransportiert worden war, um ein Dreirad gehandelt haben muss.

Aufgrund der Gesamtumstände folgerte die Polizei außerdem, dass die Täter mit den örtlichen Verhältnissen vertraut gewesen sein mussten. Eine Erkenntnis, die die Ermittlungen jedoch eben so wenig weiterbrachte wie ein Rundschreiben, mit dem sämtliche Polizeidienststellen in Nürnberg und Fürth gebeten wurden, bei sämtlichen Altmetallhändlern nachzufragen, ob das in der Simmelsdorferstraße gestohlene Metall dort angeboten oder angekauft worden sei. Keiner der befragten Altmetallhändler konnte (oder wollte) sich jedoch an einen solchen Ankauf erinnern. Auf die Idee, dass Altmetallhändler mit den Tätern unter einer Decke stecken könnten kam zu diesem Zeitpunkt offensichtlich noch niemand.

3.5. Der dreiste Coup im Lager Neumeyer

Einer der nächsten Beutezüge der Röthenbacher „Altmetallfreunde der besonderen Art" fand, wiederum in Nürnberg, in der Nacht vom 24. auf den 25. August 1950 statt. Dessen Begleitumständen zeigen anschaulich, mit welcher Kaltblütigkeit die Täter ans Werk gingen. In der Uhrenfabrik Köhler waren sie ja schon beobachtet worden. Obwohl Köhler die Polizei informiert hatte, schafften es die Diebe, das Diebesgut in Ruhe aufzuladen und unbehelligt bis nach Röthenbach zu fahren.[17] Bereits das war ein starkes Stück! Dies wurde jedoch vom Vorgehen im Lager Neumeyer bei weitem übertroffen.

3.5.1. Wachleute unter Verdacht

Dort schreckten die Täter nämlich nicht einmal davor zurück, auch Altmetall aus einem von Wachleuten mit Wachhunden gesichertem Betriebsgelände zu stehlen. Wobei allerdings einige glückliche Umstände dazu beitrugen, dass die Täter nicht entdeckt wurden. Ziel des nächtlichen Ausfluges der Röthenbacher Diebesbande in ihrer damaligen temporären Zusammensetzung war dieses Mal das Sonderlager der Deutschen Bundespost, das diese im Werksgelände der Firma Neumeyer in der Schafhofstraße 37 eingerichtet hatte. Dort schafften es die Röthenbacher Bleikabel zu stehlen, die nur etwa vierzig bis fünfzig Meter von einem Wachlokal entfernt lagerten, das mit zwei Wachleuten besetzt war, die zudem noch einen Wachhund zur Verfügung hatten. Außerdem gelang es ihnen die Kabel, die einen Wert von immerhin 2.000 bis 3000,00 DM hatten, unbehelligt etwa hundert Meter auf eine Asphaltstraße wegzuschleifen und dort auf ein Kraftfahrzeug zu verladen.

Dieser Umstand kam den ermittelnden Polizeibeamten so unglaublich vor, dass sie auch ernsthaft prüften, ob die besagten Wachleute mit den Dieben gemeinsame Sache gemacht hätten. Letztlich scheint es jedoch so gewesen zu sein, dass ein Zusammentreffen von Wetterbedingungen, schlechter Ausstattung, aber auch laxer Dienstauffassung sowohl der Wachleute wie auch des Wachhundes diesen dreisten Diebstahl erheblich begünstigt hatten.

3.5.2. Die Aussage des TLA ("Telegrafenleitungsaufsehers")

Dies kann man, zumindest zwischen den Zeilen, aus den Aussagen der Wachmänner schließen. So gab der Wachmann Georg Scharf, der bei der Post eigentlich als, wie es in dem Schriftstück wörtlich heißt "Telegrafenleitungsaufseher" angestellt war, am 18. September 1950 morgens um 8:00 Uhr bei der Kriminalpolizei unter anderem folgendes zu Protokoll:

"... In dieser Nacht hatte es sehr stark geregnet, so dass wir beide nicht in der Lage waren, das Gelände zu bestimmten Zeiten abzugehen. Es konnte aus diesem

---

[17] Ein Umstand, der auch etwas über die Ausstattung der Polizei damals, personell und bezüglich der Fahrzeuge, sagt.

Grund die Aufsicht in dieser Nacht nicht so gründlich durchgeführt werden, weil wir sehr mangelhaft in unserer Eigenschaft als Nachtwache ausgerüstet sind. Wir haben nicht einmal eine Taschenlampe zur Verfügung. Zudem steht uns auch kein Regenmantel zur Verfügung ... Durch den anhaltenden Regen, der ständig auf das Blechdach klatschte, waren keinerlei Geräusche zu bemerken. Es steht uns zwar einen Wachhund zur Verfügung, der jedoch in seiner Hütte war, die sich ebenfalls etwa 50 m vom Tatort befindet. Hierzu möchte ich noch sagen, dass dieser Hund nachts keine Meldung gibt, obwohl er sonst sehr scharf ist."

Demnach waren es also die mangelnde Ausrüstung und die lauten Geräusche des Regens auf dem Blechdach, die eine ordnungsgemäße Kontrolle des Geländes an diesem Abend verhinderten. Die Vernehmung des Wachmannes Herbst, der in der Nacht vom 24. zum 25. August 1950 zusammen mit seinem Kollegen Scharf Dienst im Lager Neumeyer tat, lässt jedoch auch den Schluss zu, dass es die beiden Wachleute an diesem Abend recht gemächlich angehen ließen. Herbst gab nämlich am 31. August 1950 unter anderem folgendes zu Protokoll:

"... Gleich nach 17:00 Uhr kam der zweite Wachmann TLA[18] Scharf. Er begab sich in den Keller unter dem Wachlokal um Holz zu zerkleinern. Ich bin inzwischen vorgegangen zur Kantine um zwei Flaschen Bier zu holen. Bei Eintritt der Dunkelheit haben wir zusammen im Wachlokal gevespert. Wegen des einsetzenden starken Regens bin ich bis 22.30 Uhr in der Wache geblieben, dann habe ich meinen Rundgang gemacht, während Scharf mit dem Fahrrad nochmals zur Kantine fuhr um Bier zu holen. Den Wachhund nahm ich auf dem Rundgang nicht mit, da mir bekannt ist, dass der Hund bei Regen und Gewitter nicht im Guten und nicht im Bösen ins Freie zu bekommen ist. Auf dem Rundgang habe ich nichts Auffälliges bemerkt. Es war stockfinstere Nacht. Zusammen mit Scharf haben wir noch je eine Flasche Bier getrunken, danach habe ich mich auf das Ruhebett gelegt, während Scharf bis 24.00 Uhr gelesen hat ..."

Nicht auszuschließen, dass der Wachmann Herbst bei der Anzahl der Flaschen Biere, die er und sein Kollege an diesem Abend getrunken haben, etwas untertrieben hat. Insgesamt überzeugten seine Ausführungen und diejenigen seines Kollegen die Polizei jedoch davon, dass die beiden Wachleute mit den Diebstahl nichts zu tun hatten.

---

[18] Der aufmerksame Leser wird bemerken, dass diese Abkürzung für "Telegrafenleitungsaufseher" steht.

3.5.3. Flüchtlinge als Sündenbock

Ein Grund dafür könnte möglicherweise auch gewesen sein, dass die Polizei bereits zu wissen glaubte, woher die Täter kommen könnten. Direkt neben dem Sonderlager der Deutschen Bundespost lag nämlich das Flüchtlingslager Schafhof. Hierzu heißt es in dem Bericht des Polizeiwachtmeisters Karl Steinert vom Polizeirevier in der Speckhartstraße 12 vom 28. August 1950:

"Das Gelände ist an der Nordseite nicht eingezäunt, sondern offen. Es ist von den Insassen des Flüchtlingslagers Schafhof zugänglich, das unmittelbar an dem Gelände angrenzt. Da sich viele Bewohner des Lagers vom Sammeln von Altmaterial ihren Erwerb suchen, ist anzunehmen, dass die Täter aus dem Flüchtlingslager Schafhof sind."

Der Tatort in Schafhof war also nicht nur wegen der mangelhaften Bewachung dort geschickt gewählt. Er hatte auch den Vorteil, dass er nicht unbedingt nahelegte, dass die Täter aus Röthenbach angereist waren. Zumindest zwischen den Zeilen kann man im Polizeiprotokoll wohl auch eine misstrauische bis ablehnende Haltung gegenüber den Heimatvertriebenen, von denen damals Millionen in der jungen Bundesrepublik Deutschland eine neue feste Bleibe suchten, entnehmen. Darauf deutet nicht nur der vorschnelle Verdacht gegen die Bewohner des Lagers Schafhof hin, sondern auch der Gebrauch des Begriffes "Insassen", der meist für Bewohner von Gefängnissen und ähnlichen Einrichtungen verwendet wird.

3.5.4. Vergebliche Fahndung

Auch in diesem Falle wurden wiederum alle Polizeireviere der Städte Nürnberg und Fürth mit Fernschreiben beauftragt, sämtliche Altmetallwarenhändler zu überprüfen. Soweit ersichtlich blieb das jedoch auch dieses Mal ohne Erfolg. Im Übrigen fanden sich wegen des Regens im vorliegenden Fall keine Fahrzeugspuren. Diesen Umstand dürfte es zur verdanken sein, dass es sich anfangs nicht unbedingt aufdrängte, dass es sich bei den Tätern um dieselben handeln könnte, die etwas mehr als einen Monat vorher schon in der Uhrenfabrik Köhler zugeschlagen hat.

3.6. Verwegener Telefondrahtklau in Schnackenhof

Ein umsichtiger Staatsanwalt wird nur solche Taten anklagen, bezüglich deren er sich zumindest gewisse Chancen auf eine Verurteilung ausrechnet. Deshalb stellen die Taten, die letztlich angeklagt werden, mitunter häufig nur die Spitze eines wesentlich größeren Eisberges dar. Auch wenn man die Prozessakten kennt, kann man den möglichen tatsächlichen Umfang der "Aktivitäten" des schillernden Personenkreises um den Röthenbacher Altmetallhändler Hans Meier also nur ahnen. Für Journalist ist das kein Hindernis, fleißig Mutmaßungen zu drechseln. Demgegenüber muss sich der Jurist sorgsam zurückhalten. Für ihn darf nur das, was sich wirklich beweisen lässt, zählen. Man mag das Naivität nennen, tatsächlich handelt es sich aber um Fairness. Wenn man aber anhand der Entwicklung der Aktivitäten der Metalldiebesbande in ihren wechselnden Zusammensetzungen kurzfristig den gesicherten Boden der juristisch verwendbaren Erkenntnisse verlassen möchte, dann liegt die Vermutung nahe, dass der glückliche Ausgang der beiden eben geschilderten Beutezüge dazu geführt haben könnte, dass die Täter nicht nur immer dreister wurden, sondern zunehmend auch Tatorte wählten, die nicht weit von ihrem Wohnort lagen.

3.6.1. Auch vor der eigenen Haustür schlugen sie zu!

Da konnte es nicht ausbleiben, dass sie irgendwann auch einmal in Röthenbach, also in der unmittelbaren Nähe ihres Wohnortes, zuschlagen würden. Dies geschah schließlich am 4. September 1951 in dreister Weise. Wie anders sollte man es nennen, wenn jemand in unmittelbarer Nähe zur Ortschaft auf einer Strecke von immerhin dreihundert Metern die Drähte einer in Funktion befindlichen Telefonleitung stiehlt?

Das Protokoll der "Schutzpolizeidienstabteilung Röthenbach an der Pegnitz" (auch so etwas gab es damals) vom 5. September 1951, das dieses artistische Kunststück belegt, ist wiederum äußerst trocken, wie es bei solchen amtlichen Schriftstücken eben in der Natur der Sache liegt: Trotzdem offenbart es gerade dadurch einiges:

> "*Anzeige:*
> *Wegen: schweren Diebstahls nach § 17/I d. Ges. ü.d. Verkehr mit unedlen Metallen v. 23.7.1926 i.V.m. §§ 242, 243 StGB*
> *Gegen: Unbekannt*

Am 4.9. 1951 teilte der gemeindliche Werkmeister des Wasserwerkes Röthen-
bach/ a.d.Pgn - ...- persönlich bei hiesiger Dienststelle mit, dass die Drahtleitung des
Telefonanschlusses zum Wasserwerk vermutlich in der Nacht zum 4.9. 1951 von
Unbekannten abmontiert worden ist.

Die Leitung wird auf Masten entlang des Ortsteil Schnackenhof über dem Fuß-
weg zum Wasserwerk geführt. Zwischen Schnackenhof und Wasserwerk ist die
Drahtleitung zwischen fünf Masten auf einer Strecke von etwa 300 m abgenommen
worden ...

Auf Grund festgestellter Rutschspuren ist anzunehmen, dass die Masten im Klet-
tererschluss erklommen wurden. Anhaltspunkte, dass sie mittels Steigeisen erstiegen
wurden, sind nicht vorhanden ..."

Soweit dieses amtliche Protokoll. Lebensnah gesehen dürfte sich der
Vorgang wie folgt abgespielt haben: Der "gemeindliche Werkmeister des
Wasserwerks"[19]geht am Morgen des betreffenden Tages hinunter in den
Pegnitzgrund. Möglich, dass er bereits dabei festgestellt hat, dass zwischen
den Telefonmasten keine Drähte mehr verlaufen. Ebenso wahrscheinlich
ist es aber, dass er gar nicht auf die Telefonmasten achtete, als er in Gedanken zu seinem Arbeitsplatz ging. Dies insbesondere dann, wenn er
nicht von Schnackenhof her kam, sondern über den Fußweg, der am
ehemaligen "Koatzergrohm" beginnend entlang des Friedhofszauns ver-
läuft. Dann dürfte er sich erst im Laufe seines Arbeitstages gewundert haben, warum niemand anruft. Oder aber er hat selbst vergeblich versucht
haben, aus dem Wasserwerk jemand anzurufen. Daraufhin wird er dann
zuerst den Telefonapparat auf mögliche Fehler überprüft haben. Als er
dort nichts gefunden hatte, dürfte er schließlich den Weg des Kabels aus
dem Telefon in die Wand ergebnislos begutachtet haben. Erst dann wird
er überhaupt auf die Idee gekommen sein, auch einmal den weiteren Weg
des Telefonkabels in Richtung Röthenbach zu verfolgen. Man kann sich
unschwer vorstellen, wie erstaunt er drein geblickt hat, als er endlich feststellte, warum das Telefon nicht funktionierte!

Vielleicht war es aber auch ganz anders? Eventuell hat sich der "gemeindliche Werkmeister" beim Anblick der verwaisten Telefonmasten
auch überhaupt nicht gewundert, sondern nur verärgert, aber wenig überrascht, den Kopf geschüttelt? Schließlich bekommt man mit zunehmender

---

[19] Richtiger dürfte es sein, von "Werkmeister des gemeindlichen Wasserwerks" zu
sprechen, da der Werkmeister zwar aus einer alteingesessenen Röthenbacher Familie stammte, aber nur das Wasserwerk wirklich "gemeindlich" war.

Lektüre der Akten aus dem Röthenbacher Metallbandenprozess und auch der Zeitungen aus dieser Zeit den Eindruck, dass der Diebstahl von Metall in jeglicher Form und auf die unterschiedlichsten Weisen, damals gar keine Seltenheit war.

3.6.2. Olympiaverdächtig: Neun Kilometer Kabel im "Kletterschluss" erbeutet

Interessant ist auch der Hinweis in der Anzeige, dass auf Grund der festgestellten Rutschspuren anzunehmen ist, dass die Masten im "Kletterschluss" erklommen wurden. Einmal abgesehen davon, dass heute kaum jemand ohne vorherige Konsultation des Dudens oder - noch wahrscheinlicher - Befragung des "Orakels von Google" in der Lage wäre, das richtige Wort dafür zu finden, dass jemand einen Masten dadurch besteigt, dass er unter erheblicher Kraftanstrengung von Oberschenkeln und Oberarmen den Gesetzen der Schwerkraft zuwider nach oben rutscht: Diese lapidare Feststellung lässt auch vermuten, dass damals bei den Schutzpolizeidienstabteilungen Beamten tätig waren, die ihr Handwerk von der Pike auf gelernt hatten und wussten, worauf es bei Ermittlungen ankommt.

Außerdem weisen diese Rutschspuren auch auf eine solide sportliche Grundkonstellation des Täters hin. Dies ist auch den Zeitungsjournalisten, die damals über den Prozess berichteten, nicht entgangen. Nicht nur deshalb wird an anderer Stelle nochmals von dieser vertikalen Fortbewegungsart die Rede sein.

Falls jemand von den geneigten Leserinnen und Lesern gestutzt haben sollte, als von der respektablen Menge von sechshundert Meter Telefonkabel, die bei einer einzigen Tat vom Masten gestohlen wurde, die Rede war: Die zuständige Strafkammer des Landgerichts Nürnberg-Fürth sollte später festzustellen, dass der betreffende Mittäter von diversen Masten im Frankenland nicht weniger als neun Kilometer Telefonkabel geholt hatte. Das ist ungefähr der Weg vom Röthenbacher Rathaus zum Laufer Marktplatz und fast wieder zurück! Eine respektable Entfernung. Übrigens ergeben sechshundert Meter Telefonkabel aus Kupfer ausweislich der Prozessakte in dem Verfahren Js 7566/51 gerade einmal ein Gewicht von etwa zehn Kilogramm. Ein Kasten Bier ist also schwerer. Der bei dem Diebstahl in Schnackenhof entstandene Schaden wurde damals von der Polizei in Röthenbach mit 95,00 DM geschätzt. Dies "mit Arbeitsberechnung", das heißt einschließlich der Kosten, die für die Arbeitszeit zur Wiederanbringung der Kabel entstehen würden. Heute wäre so etwas sicher weitaus teurer. Heute aber haben wir Handys.

3.6.3. Bürgermeister Fischer als Polizeichef

Die Anzeige wurde damals übrigens vom Polizeioberkommissar Stiegler als Leiter der Schutzpolizeiabteilung Röthenbach aufgenommen. Abgezeichnet wurde sie aber auch vom damaligen Röthenbacher Bürgermeister Fischer. Dies deshalb, da es sich um einen Aktenvorgang der damals noch bestehenden gemeindlichen Polizei handelte. Der Röthenbacher Bürgermeister war damals also auch Polizeichef. Diese eine Kompetenz, die manchem späteren Amtsinhaber sicher auch große Freude bereitet hätte ...

Noch etwas fällt auf: Die Strafanzeige stammt vom 5. September 1951. Die Unterzeichnung durch den Bürgermeister Fischer erfolgte dagegen erst am 26. September 1951. Demgegenüber quittierte die Staatsanwaltschaft Nürnberg-Fürth, Unterabteilung Lauf an der Pegnitz, bereits am selben Tag den Eingang von der Gemeinde Röthenbach. Und schon zwei Tage später, am 28. September 1951, traf der zuständige Oberstaatsanwalt die nächsten Verfügungen in diesem Verfahren. Dies nur als Randbemerkung für all jene, die ständig eine Beschleunigung der Justiz verlangen. Vor allem für diejenigen unter ihnen, die möglicherweise in der Verwaltung tätig sind.

Aber das schnelle Handeln der Staatsanwaltschaft führte, zumindest fürs Erste, nicht zum Erfolg. Am 9. Januar 1952 wurde das Ermittlungsverfahren in dieser Sache eingestellt, da der oder die Täter unbekannt geblieben war. Wie sich später zeigen sollte war dies eine verfrühte Entscheidung.

3.7. Späterer Hauptangeklagter hinter Gitter, Taten gehen weiter

Im Mai 1951 wurde Hans Meier, der später als "Nummer 1" im Röthenbacher Prozess angeklagt werden sollte, wegen anderer Taten verurteilt und kam in Strafhaft. Offensichtlich führte dieser Umstand bei seinen Komplizen aber nicht unbedingt zu Panik und krimineller Zurückhaltung. Die Metalldiebstähle gingen nämlich unvermindert weiter. Auch wurde das Altmetall weiterhin über das Altmetallgeschäft der Meiers "gewaschen". Sonja Meier, allem Anschein nach wenig beeindruckt vom Schicksal ihres Ehegatten, kaufte nämlich weiterhin an, ohne viel nach der Herkunft zu fragen.

3.8. Geplante Flucht in die DDR

Lediglich Manfred Schulz, dem später die zweifelhafte Ehre zukam, als "Angeklagter zu 3" in die Röthenbacher Rechtsgeschichte einzugehen, schien bereits 1951 mit seiner Verhaftung zu rechnen. Deshalb begann er der Anklageschrift zufolge seine Flucht vorzubereiten. Hierfür hatte er sich auch schon einen Ort als Ziel ausgesucht, zu dem der lange Arm der westdeutschen Justiz mit Sicherheit nicht reichen würde. Er wollte nämlich in die DDR. Zuerst musste er sich jedoch das dafür notwendige Geld beschaffen. Auf welche Weise? Natürlich durch Altmetalldiebstahl. Trotz einiger erfolgreicher Diebeszüge kam jedoch nicht so viel zusammen, dass es für die Flucht gereicht hätte. Warum dem so war, wird deutlich, wenn man die Seite 50 der Anklageschrift liest, auf der Anklagefall 43 beschrieben wird:

> *"Die Angeschuldigten Herbert Schulz und Manfred Schulz gingen gemeinschaftlich mit dem Draht zu Frau Meindl* (einer Nürnberger Altmetallhändlerin, Anm. des Verfassers)*, wo Herbert Schulz versicherte, der Draht sei "gegogert" worden, d.h. auf Ruinenplätzen gesammelt. Frau Meindl bezahlte etwa 51.- DM für den Draht, wovon Herbert Schulz und Manfred Schulz sofort einen Teil vertranken."*

Der Kreislauf zwischen Diebstahl und Sauforgie ging also auch noch weiter, als Hans Meier schon hinter Gittern saß. Langsam aber sicher senkte sich das Damoklesschwert jedoch auch auf die anderen Röthenbacher Metalldiebe herab. Entscheidender Wendepunkt war der Dezember 1951. Damals nämlich konnte die Stadtpolizei Lauf ein Mitglied der "Röthenbacher Gang" festnehmen, das sich gerade an einer Freileitung zu schaffen machte. Die Landpolizei setzte die Ermittlungen fort, nahm auch Ermittlungen in älteren Fällen wieder auf und vernahm Zeugen und Beschuldigte.

3.9.   Akribische Ermittlungen führen zu einer Mammutanklage

Nach dieser Festnahme und den intensivierten Ermittlungen begann sich eins zum anderen zu fügen. Auch deshalb, weil einige Tatbeteiligte nervös wurden und versuchten, sich durch Aussagen auf Kosten anderer zu entlasten. Einem wurde auch zum Verhängnis, dass er seinen früheren Geliebten gegenüber zu freimütig mit seinen Taten geprahlt hatte. Eine besondere Rolle spielte aber auch die Kriminaltechnik. Heute ist diese ja so weit entwickelt, dass es eigentlich kaum mehr möglich ist, die perfekte Straftat zu begehen. Chancen unaufgeklärt zu bleiben haben heute fast nur Straftaten, die von vornherein überhaupt nicht als solche erkannt werden. Ansonsten aber ist es nun um ein Vielfaches einfacher als früher, einen Täter zu finden und zu überführen. Ein Grund dafür ist insbesondere die DNA-Analyse, die es mittlerweile erlaubt, aus kleinsten Spuren genetischen Materials, nachzuweisen, dass eine bestimmte Person sich an einem

Tatort aufgehalten haben. Darüber hinaus bieten Mikroskopie, Materialkunde und ähnliches ungeahnte Möglichkeiten. Die heutige Perfektion verleitet mitunter dazu, anzunehmen, dass es diesbezüglich in früheren Zeiten relativ primitiv zugegangen wäre. Was aber ein Trugschluss wäre.

Ein wichtiger Punkt bei der Aufklärung von Straftaten ist die Feststellung, ob verschiedenen Taten mit demselben Tatwerkzeugen begangen wurden. Dann nämlich liegt die Vermutung nahe, dass es sich um jeweils denselben Täter handelt. Oder dass zumindest eine enge Verbindung zwischen den Tätern der verschiedenen Taten besteht. Solche kriminaltechnischen Befunde spielten auch im Zusammenhang mit den Metalldiebstählen eine Rolle. Von den Rutschspuren auf den Telefonmasten im "Grund" und den kriminalistischen Folgerungen der Röthenbacher Gemeindepolizei war ja schon die Rede. Zur Anwendung kamen aber auch damals schon Laboranalysen. In Anbetracht der Vielzahl der Fälle, bei denen Metalldraht von öffentlichen Leitungen an unterschiedlichsten Orten in Franken gezwickt worden war, überlegte die Polizei nämlich ob hier verschiedenste Täter am Werk waren, oder ob es sich um denselben Täter handelte. Aufschluss sollte wiederum das Tatwerkzeug geben. Eine harte Nuss für die Ermittler, will man meinen, zumindest mit den damaligen kriminaltechnischen Mitteln.

Doch weit gefehlt! In dem ersten Zwischenbericht vom 1.12.1951 stellt die Landpolizei Ober- und Mittelfranken, Kriminalaußenstelle Lauf/Pegnitz, hierzu nämlich fest:

"Nach dem anliegenden Gutachten des Zentralamtes München vom 19.11.1951, besteht zwischen den Leitungsdrahtdiebstählen ... Tatzusammenhang, weil in diesen Fällen die Drähte mit der gleichen Zange gezwickt worden waren."

Der Stand der Kriminaltechnik war damals also besser als man es heute vielleicht annehmen würde. Abzuwarten blieb allerdings, ob das Gutachten auch in einem Prozess ausreichen würde, jemandem, der wegen einer Tat mit der bewussten Zange überführt war, auch nachzuweisen, dass der damit auch andere Diebstähle begangen hatte.

3.10. Zwei Geständnisse, zwei Geliebten: doppeltes Pech
Das Gutachten zu dieser Zange beweist, dass die Technik die Justiz also auf die Spur von Tätern bringen kann. Aber auch im Zeitalter der Laboranalysen ist der "menschliche Faktor" ein wesentlicher Punkt bei der Aufklärung von Straftaten. Und auch 1952 erleichterte die Redefreudigkeit der späteren Angeklagten die Ermittlungen. Bei nicht wenigen von ihnen be-

merkte die Anklageschrift nämlich, dass sie geständig wären. Ein Umstand, der jedoch einen Strafprozess nicht überflüssig macht. Schließlich kann man Geständnisse später auch widerrufen. Gründe dafür, eine Tat einzugestehen, die man überhaupt nicht begangen hat, gibt es schließlich viele: Diese reichen von dem Wunsch, aus der Untersuchungshaft im Gefängnis in der Nürnberger Mannertstraße entlassen zu werden, über falschen anwaltlichen Rat bis hin zu Angeberei. Im vorliegenden Fall hätten die Geständnisse allein als Grundlage für eine Verurteilung auch deshalb nicht viel weiter geholfen, weil die Betroffen meist nur einzelne Taten, vermutlich solche, die sich ohnehin anderweitig beweisen ließen, zugegeben hatten. Wiederum andere, die ihnen ebenfalls zur Last gelegt wurden, bestritten sie jedoch nach wie vor vehement.

Einem Bandenmitglied wurde seine Redefreudigkeit gegenüber dem weiblichen Geschlecht zum Verhängnis. Die Rede ist von Manfred Schulz, der bei der Polizei die Beteiligung an einem Diebstahl in Utzmannsbach–Grossengsee, der Anklagefall 27 darstellte, abstritt. Vorher hatte er jedoch bei seiner Geliebten, einer gewissen Simickova (Aufmerksame Leser werden sich an dieser Stelle wundern, dass die Geliebte so und nicht Schneider heißt, die Auflösung erfolgt zwei Absätze weiter) mit genau dieser Tat geprahlt und sie dabei detailliert - wie sich nun herausstellte: zu detailliert - geschildert. Auf Seite 65 der Anklageschrift heißt es hierzu:

> „Manfred Schulz behauptet, dass seine Erzählung der Simickova gegenüber nicht der Wahrheit entsprochen habe und von ihm nur aus ”Unüberlegtheit” erfolgt sei. Angesichts der Einzelheiten, die der Angeschuldigte über die Tatausführung erzählt hatte, z.B. dass er die Beute im Walde bei Schnaittach versteckt habe und angesichts seiner zahlreichen gleichartigen Straftaten ist diese Einlassung des Angeschuldigten völlig unglaubhaft.“

Pech also für Manfred Schulz, dass er seiner Geliebten gegenüber so redselig gewesen war. Noch größeres Pech war es, dass er denselben Fehler auch bezüglich der Anklagefälle 33 und 36, bei denen es um Vorfälle in Ottensoos und Kersbach ging, begangen hatte. Allerdings mit einem feinen Unterschied. Diesbezüglich heißt es an gleicher Stelle:

> ”Die Fälle Ottensoos und Schnaittach hat der Angeschuldigte außerdem seiner weiteren Geliebten, der mitangeklagten Elfriede Schneider gestanden.”

Der Mann hatte also zwei Geliebte. Und hatte sich vor jeder von ihnen mit seinen Taten gebrüstet. Und beide hatten dies den Ermittlern erzählt. (Womit wiederum bewiesen wäre, dass das Leben mit zwei Frauen für die meisten Männer wohl zu kompliziert ist.) Noch während des laufenden Prozesses scheint Manfred Schulz gemerkt zu haben, dass es wohl nicht sehr weise gewesen war, seine Freundinnen in diese Dinge einzuweihen. Weshalb er versuchte, seine Geliebte Simickova aus der Untersuchungs-haft heraus mit einem Kassiber[20] dazu zu bewegen, ihre diesbezügliche Erklärung zurückzunehmen. Pech nur, dass dieses Kassiber abgefangen, und damit auch dieses Verhalten von Manfred Schulz aktenkundig, wurde. Bezüglich der Taten, von denen er Elfriede Schneider erzählt hatte, glaub-te die Staatsanwaltschaft übrigens, in Form des schon erwähnten Gutach-tens sowie weiterer Laboranalysen ohnehin genug andere Beweismittel zur Verfügung zu haben. Hierzu vermerkt die Anklageschrift:

> "Die Fälle 33,34,36 (Lauf-Ottensoos I, Diepersdorf-Rockenbrunn und Schnait-tach-Kersbach) sind nach den Gutachten des Zentralamts für Kriminal-Identifizierung vom 28.9.1951, 4.10.1951, 19.11.1951 und 18.1.1952 mit Si-cherheit mit demselben Werkzeug ausgeführt, mit dem der Angeschuldigte Schulz in dem von ihm zugegebenen Fällen "arbeitete".

Nachdem die Bande im Sommer 1952 aufgeflogen war, gelang es der Staatsanwaltschaft aufgrund dieser akribischen Ermittlungsarbeit und der Hartnäckigkeit der Strafverfolgungsbehörden zügig eine umfangreiche Anklageschrift zu erstellen, in der der den ursprünglich siebenundzwanzig Angeklagten mehr als vierzig Straftaten vorgeworfen wurden.

---

[20] Verbotene Mitteilung eines Gefangenen aus dem Gefängnis heraus.

3.11. Beckenschuss bei der Verhaftung

Übrigens ging es bei der Festnahme der Verdächtigen mitunter nicht ohne eine gewisse Dramatik zu. Dabei traf es insbesondere den Angeklagten Josef Nürnberger. In seiner Vernehmung vom 12. Juni 1952 gab er folgendes zu Protokoll:

"Aus Furcht vor Strafe bin ich flüchtig gegangen ... Ich habe mich bei Bekannten und Verwandten aufgehalten, deren Namen ich nicht angeben möchte, und habe meinen Lebensunterhalt verdienen. Als ich hörte, dass meine Mutter krank war, bin ich Ende Mai heimlich nach Röthenbach zurückgekommen, dort abends von der Polizei gesehen worden. Da ich fortlief, wurde auf mich geschossen. Ich erhielt zwei Beckenschüsse."

Mit fränkischen Gemeindepolizisten war also nicht zu spaßen!

4. Die Prozessvorbereitungen

4.1. Der Ablauf eines Strafprozesses im Überblick

Bevor die nächste Besonderheit des Röthenbacher Metallbanddiebesbandenprozesses vorgestellt wird, soll zum besseren Verständnis kurz der normale Verlauf eines Strafprozesses dargestellt werden. Deshalb wird es jetzt leider etwas Juristisch. Wem das zu langweilig ist, der kann diesen Teil überspringen und ab der nächsten Zwischenüberschrift weiterlesen.

Ein Strafprozess besteht aus

➢ dem Ermittlungsverfahren,
➢ dem Zwischenverfahren
➢ und dem Hauptverfahren.

Das Ermittlungsverfahren wird eingeleitet, wenn ein Anfangsverdacht gegen einen bekannten oder unbekannten Täter besteht. Es wird von der Staatsanwaltschaft als "Herrin des Ermittlungsverfahrens" unter Mithilfe der Polizei durchgeführt. Der Verdächtige wird in diesem Stadium im "Amtsdeutsch" als "Beschuldigter" bezeichnet. Kommt die Staatsanwaltschaft zu dem Ergebnis, dass hinreichender Tatverdacht gegeben ist und deshalb eine Verurteilung wahrscheinlich erscheint, erhebt sie Anklage.

Mit der Erhebung der Anklage wird das sogenannte Zwischenverfahren eingeleitet. Der Verdächtige wird nun nicht mehr als "Beschuldigter" sondern als "Angeschuldigter" bezeichnet. Das ist der Grund, warum die Verdächtigen in den Auszügen aus den verschiedenen amtlichen Schriftstücken mit diesen unterschiedlichen Bezeichnungen benannt werden. Das mag etwas kompliziert klingen. Für den Juristen hat es jedoch den Vorteil, dass man schon an dem Begriff, mit dem der Verdächtige bezeichnet wird, sieht, in welchem Stadium sich das Verfahren befindet. Im Prinzip machen die Juristen dabei also auch nichts anderes wie die Biologen, wenn sie zwischen "Kaulquappe" und "Frosch" oder zwischen "Larve" und "Schmetterling" unterscheiden. Auch hier sieht man anhand des verwendeten Worts sofort, in welchem Entwicklungsstadium sich eine Sache befindet.

Für den Fall, dass jetzt jemand die Einführung eines gesonderten Zwischenverfahrens für überflüssig kompliziert und "typisch juristisch" hält, weil man ja schließlich gleich Anklage erheben könnte, soll festgehalten werden, dass dies dem Schutz des Angeschuldigte, also des Verdächtigen, dient. Um den Angeschuldigten nicht unnötig einer öffentlichen Hauptverhandlung auszusetzen prüft das Gericht nämlich, verkürzt gesagt, ob die Anklage auch wirklich sorgfältig ausgearbeitet ist. Das ist nur eines von vielen Beispielen dafür, dass manches, was auf den ersten Blick als "typisch juristisch kompliziert" aussieht, tatsächlich dem Bürger dient. Jeder, gegen den die Staatsanwaltschaft schon einmal eine Anklage erheben wollte, die im Zwischenverfahren abgelehnt wurde, wird gerne bestätigen, dass ihm solche Verfahrensweisen lieber sind, als ein allzu "kurzer Prozess".

Wenn das Gericht den Angeschuldigten aufgrund der Anklage für hinreichend verdächtig hält, lässt es die Anklage zu. Dies kann es dann, wenn es davon ausgeht, dass eine spätere Verurteilung wahrscheinlich ist. Damit beginnt dann das Hauptverfahren. In diesem bekommt der Verdächtige wieder einen neuen "Namen", er wird nämlich vom "Angeschuldigten" zum "Angeklagten". Kernstück des Hauptverfahrens ist die Hauptverhandlung, die aus verfassungsrechtlichen Gründen meist öffentlich ist. Zweck der Öffentlichkeit ist es, den Angeklagten vor einem unfairen Verfahren zu schützen.

4.2.   Wieso fand die Verhandlung in Röthenbach statt?

Zu den vielen Einzelschritten, die im Hauptverfahren durchgeführt werden, gehört auch die Ladung zu den Gerichtsverhandlungen, zur Hauptverhandlung. Hierbei geht es jedoch meist nur darum, die Verhandlungstermine festzulegen. Abgesehen von Ortsterminen, also zum Beispiel Beweiserhebungen am Tatort, stellt sich die Frage, *wo* die Verhandlungen stattfinden sollen, meist nicht. Gerichtsverhandlungen finden schließlich im Gericht statt. Und dort hat jeder Einzelrichter und jede Kammer einen festen Sitzungssaal, in dem verhandelt wird. Das scheint so sicher wie das Amen in der Kirche. Deshalb dürfte der eine oder andere Rechtsanwalt nicht schlecht gestaunt haben, als er in diesem Verfahren als Ort der Verhandlung lesen musste

"im Gasthaus zum Waldesrand in Röthenbach bei Lauf"

Es stellt sich also die Frage, wieso die Verhandlung in Röthenbach stattfand, obwohl es in seiner gesamten Geschichte niemals ein Gericht besessen hat? Und dann ausgerechnet noch in einem Wirtshaussaal?

Hierzu hört man in Röthenbach ab und zu die Ansicht, dass in Nürnberg kein geeigneter Gerichtssaal zu Verfügung gestanden hätte, weil die großen Gerichtssäle dort wegen der Nürnberger Kriegsverbrecherprozesse besetzt gewesen wären. Diese Auffassung ist jedoch unzutreffend. Zum einen endeten die Nürnberger Kriegsverbrecherprozesse bereits 1949 und damit drei Jahre vor dem Metalldiebesbandenprozess. Zum anderen belegen die Akten eindeutig, dass es ganz andere Gründe dafür gab, den Prozess in Röthenbach abzuhalten.

Erster Hinweis auf die Absicht, in Röthenbach zu verhandeln ist ein Schreiben vom 21. Oktober 1952. Mit diesem wendet der Vorsitzende der zuständigen IV. Großen Strafkammer des Landgerichts Nürnberg-Fürth, Landgerichtsdirektor Grüber, weniger als einen Monat vor dem ersten Verhandlungstermin, an den "Herrn Landgerichtspräsidenten in Nürnberg" und stellt die Gründe dar, warum man er vorschlägt, in Röthenbach zu verhandeln.

Das betreffende Schreiben zeigt übrigens, dass bereits damals Vorgesetzte am besten mit finanziellen Argumenten überzeugt wurden. Außerdem kann man dem Schreiben auch entnehmen, dass das "hohe Gericht" in Nürnberg, nicht eben eine gute Meinung von Röthenbach und seinen Bewohnern hatte. Es war nämlich mehr oder weniger der Auffassung, dass auch andere Röthenbacher auf die dumme Idee kommen könnten, durch Metalldiebstahl zu leicht verdientem Geld zu kommen. Deshalb fand es, dass es gut wäre, wenn die Sache zur Abschreckung in ihrem Heimatort verhandelt werden würde. Das Gericht hatte also den Eindruck, dass auch noch bei etlichen weiteren Röthenbachern die Gefahr bestand, zu Metalldieben zu werden.

Im "O-Ton" liest sich das Schreiben des Dr. Grüber an seinen Chef folgendermaßen:

"Der Vorsitzer der 4. gr. Strafkammer
Nürnberg, 21. Okt. 1952

An den
Herrn Landgerichtspräsidenten
in N ü r n b e r g

Betreff: Strafverfahren gegen Hans Meier und 25 andere
wegen schwerem Diebstahls u.a.
1053 KLs 297/52

In vorstehender Strafsache wäre es aus kriminalpolitischen Erwägungen heraus zur Steuerung der in Röthenbach in erschreckendem Umfange um sich greifenden Metalldiebstähle bei den Firmen Conradty und Diehl wünschenswert, wenn die Hauptverhandlung in Röthenbach abgehalten werden könnte."

Der erste Satz dieses Schreibens ist typisches Juristendeutsch. Deshalb können vielleicht einige erläuternden Worte nicht schaden: In dem Schreiben wird von "Steuerung der .. Metalldiebstähle" gesprochen. Das ist wohl ein typisches Beispiel dafür, dass Juristen in dem Bestreben, möglichst eloquent zu formulieren, vor lauter Gewandtheit mitunter die deutsche Sprache etwas entgleitet. Da das Gericht kaum die Absicht gehabt haben dürfte, die Metalldiebstähle zu koordinieren, dürfte damit natürlich die "Bekämpfung" oder "Eindämmung" dieser Diebstähle gemeint sein.

Hinter der Formulierung "kriminalpolitische Erwägungen" versteckt sich das, was der Jurist auch "negative Generalprävention" nennt. Diese hatte Anselm von Feuerbach, der Schöpfer des bayerischen Strafgesetzbuches von 1813, der in Franken insbesondere als Vormund des Findelkinds Kaspar Hauser bekannt wurde, über den er auch das Buch "*Kaspar Hauser. Beispiel eines Verbrechens am Seelenleben des Menschen*" veröffentlichte, entwickelt. Ihr Grundgedanke ist, so Feuerbach, dass sie "*die Gesellschaft von der Begehung einer Tat abschrecken (soll), indem ins Bewusstsein gerufen wird, welche Strafen folgen können*". Mit anderen Worten: die negative Generalprävention geht davon aus, dass die Bestrafung anderer eine abschreckende Wirkung hat und deshalb die Allgemeinheit durch öffentliche Verhandlungen und öffentliche Bestrafung von der Begehung von Straftaten abgehalten wird. Die Bestrafung hat damit nicht nur den Zweck, den einzelnen für das von ihm begangene Unrecht "bezahlen" zu lassen, sondern sie (und der Bestrafte) werden auch zum Mittel, um zur Verhinderung künftiger Straftaten auf die Allgemeinheit einzuwirken.

Auf den konkreten Fall bezogen heißt das: Den Röthenbachern, die aus Sicht des Gerichts zu Nachahmungstaten neigten, sollte durch den Prozess vor ihrer Haustüre vor Augen geführt werden, wie schlimm die Metalldiebstähle für die Täter enden können. Zugegeben: Das hat ein bisschen etwas vom Antretenlassen der Seeleute auf Deck, wenn einer der ihren wegen eines Vergehens ausgepeitscht wird. Auch wird an passender Stelle zu überlegen sein, ob sich "der Röthenbacher" tatsächlich in einem Wirtshaus, also auf seinem ureigensten Terrain, von der hohen Gerichtsbarkeit einschüchtern lässt. Oder ob er dort als Angeklagter – gerade umgekehrt – eher dazu verleitet wird "den strammen Maxe zu markieren", um seinen Mitbürgern zu zeigen, dass er sich von so ein paar zugereisten Landrichtern nicht einschüchtern lässt. Ein solches Verhalten jedoch schlägt sich negativ bei der Strafzumessung, der Festsetzung der Höhe der Strafe, nieder. Man kann also sicher verschiedener Meinung sein, ob die Überlegung des Gerichts, in Röthenbach zu verhandeln, wirklich so glücklich war.

Unabhängig davon war dem "Vorsitzer" (heute würde man sagen: "Vorsitzendem") dieses Verfahrens beim Abfassen seines Schreiben wohl bewusst, dass "sein Chef" (also: der Landgerichtspräsident) nicht nur rein juristische Argumente lesen wollte. Schließlich würde er einer solchen Maßnahme nur zustimmen können, wenn er nicht befürchten musste, dass man ihm irgendwann vorwarf, er habe Steuergelder aus dem Fenster hinausgeschmissen.

Weshalb der Kammervorsitzende in diesem Schreiben auch gleich die finanziellen Auswirkungen seines Vorschlages darlegte. Dies in einer Weise, die diejenige, die leichtfertig behaupten, dass die Justiz nicht mit Geld umgehen könne, widerlegt. Ohne weitere Einleitung heißt es dort nämlich:

"Ein genügend großer Wirtshaussaal stünde gegen eine tägliche Benutzungsgebühr von 25,-- DM, aus der Heizungs-, Reinigungs- und Beleuchtungskosten bestritten werden, zur Verfügung."

Vermutlich würde ein solcher Vorschlag heute nicht einmal behandelt, sondern zuerst einmal mit der Bitte um weitere Sachverhaltsaufklärung zurückgeschickt. Viele Fragen blieben nämlich unbeantwortet. Fragen, die man sich stellen kann, weil es sich ja nicht unbedingt aufdrängt, dass ein Wirtshaussaal wirklich ein geeigneter Raum für Gerichtsverhandlungen ist. Heute würde man vermutlich vorab überlegen, welche Auswirkung es auf das Ansehen der Gerichtsbarkeit hätte, wenn man in einer Gaststätte verhandeln würde. Auch bezüglich der technischen Geeignetheit des Behelfsgerichtsraumes würde man nähere Informationen anfordern. So würde man wohl wissen wollen, wie viele Quadratmeter genau eigentlich dieser "genügend große" Verhandlungsraum hat. Und wie hoch die Vergleichsmieten bei mindestens drei ähnlichen Objekten wären.

So "detailverliebt" sah man das damals offensichtlich nicht. Trotzdem schien der "Vorsitzer" damit zu rechnen, dass sein Vorgesetzter weitere Argumente bräuchte, um dem Vorschlag zu folgen. Deshalb fuhr Dr. Grüber fort:

"Bei der langen Dauer der Verhandlung, die auf 10 - 14 Tage geschätzt wird, ist mit Sicherheit anzunehmen, dass mindestens 11 Angeklagte ... wegen gänzlicher Mittellosigkeit, Ersatz der Fahr- und Zehrkosten verlangen würden, wenn die Hauptverhandlung in Nürnberg stattfinden würde. Nach Berechnung der Geschäftsstelle könnte ein Angeklagter bei Nachweis der Mittellosigkeit pro Tag 1,20 DM für die Fahrt von Röthenbach nach Nürnberg und zurück, unter Benutzung der verbilligten Sechserkarte -.40 DM für Straßenbahn und 3.—für Zehrgeld also

4,60 DM verrechnen und erhalten. Es müsste also mindestens täglich 50,60 DM, möglicherweise aber mehr, für diesen Zweck ausgegeben werden, wenn die Verhandlung im Saal des Evang. Gemeindehaus, Bayreuther Str. 20 stattfinden würde.

Unter diesen Umständen lässt es sich rechtfertigen, die Hauptversammlung in Röthenbach abzuhalten und 25.- DM täglich für Saalmiete zu bezahlen. Der Staat würde dabei noch Kosten sparen. Erwähnt sei noch, dass in mehreren Einzelfällen voraussichtlich die Einnahme eines Augenscheins am jeweiligen Tatort in Röthenbach in Frage kommen wird."

Das Schreiben belegt eindeutig, dass in Nürnberg ein geeigneter Raum für die Verhandlung, zwar nicht im eigentlichen Gerichtsgebäude in der Fürther Straße, aber im Evangelischen Gemeindehaus in der Bayreuther Straße, zur Verfügung gestanden hätte.

Ansonsten scheint es – zumindest auf den ersten Blick - eine logische und gut berechnete Begründung zu enthalten. Bei genauem Hinschauen kommen einem allerdings Zweifel. Zumindest, wenn man bedenkt, dass der Prozess ja auch mit vielen Freisprüchen hätte enden können. Dann aber wären die Anreisekosten der Rechtsanwälte von der Staatskasse zu zahlen gewesen. Deshalb hätte man auch gegenrechnen müssen, welche Ansprüche in diesem Fall die Rechtsanwälte nach der damals noch geltenden BRAGO (Bundesrechtsanwaltsgebührenordnung) gehabt hätten. Unabhängig davon fragt es sich auch, welche Zusatzkosten, außer der Anmietung des Saales, durch die Verhandlung in Röthenbach noch entstanden. Immerhin fielen ja auch Fahrtkosten für die Richter an. Außerdem hatten diese auch Anspruch auf Verpflegungsmehraufwendungen, da die Verhandlung außerhalb Nürnbergs stattfand. Und auch die Frage der Unterbringung der in Untersuchungs- oder Strafhaft befindlichen Angeklagten musste geklärt werden.

Offensichtlich wollte man es aber nicht so genau nehmen. Wohl weil es hauptsächlich darum ging, den Röthenbacher direkt vor Ort vor Augen zu führen, dass Metalldiebstahl und Hehlerei mit gestohlenem Metall schlimme Folgen haben können. Gerade dies erscheint aber aus rechtsstaatlichen Gründen problematisch. Schließlich gilt im Strafprozess jeder solange als unschuldig, bis das Gegenteil bewiesen und er verurteilt ist. Gegen diesen Grundsatz wird jedoch verstoßen, wenn ein Gericht bereits unterstellt, dass es zu Verurteilungen kommen wird. Aber nur dann würde der Prozess im unmittelbaren sozialen Umfeld der Angeklagten auch tatsächlich eine abschreckende Wirkung haben können. Hätte das Verfahren dagegen mit einer Vielzahl von Freisprüchen geendet, so wäre von dem Verfahren wohl kaum eine abschreckende, sondern eher das Gegenteil, nämlich eine aufmunternde Wirkung ausgegangen. Das Gericht wäre blamiert gewesen und die Freigesprochenen wären in Röthenbach sicher als eine Art Volkshelden angesehen worden, die der Strafjustiz ein Schnippchen geschlagen haben.

Die Verhandlungsführung des Gerichtsvorsitzenden wurde damals in der Presse allgemein sehr gelobt. Aus Sicht eines Verteidigers kann man jedoch auch der Meinung sein, dass bereits die Entscheidung des Gerichts, aus Gründen der Abschreckung in Röthenbach zu verhandeln, einer Vorverurteilung gleichkam. Merken kann man sich aus dem Brief auf jeden Fall das alte, aber eigentlich viel passendere Wort für das heute gebräuchliche Wortungeheuer "Verpflegungsmehraufwand", nämlich "Zehrkosten". Schade, dass das heute keiner mehr verstehen würde.

4.3. Post an das Gericht im Wirtshaus

Der Wirtshaussaal in Röthenbach als Gerichtssaal scheint manchen Beteiligten jedoch keine Probleme gemacht zu haben. Sogar die Oberpostdirektion Nürnberg, die in dem Verfahren Schadensersatz wegen der Diebstähle im Neumeyer-Lager Nürnberg im Sommer 1950 geltend machen wollte, sandte diesbezügliche Korrespondenz nicht an das Landgericht Nürnberg-Fürth in der der Fürther Straße (was natürlich auch möglich gewesen wäre) sondern:

> *"An*
> *das Landgericht Nürnberg-Fürth*
> *4. große Strafkammer*
> *Z. Hdn. des Herrn Vorsitzenden*
> *z.Zt.*
> *Röthenbach (Pegnitz)*
> *Gasthof Waldesrand*

Röthenbacher Leser wird hierbei insbesondere freuen, dass die Oberpostdirektion, anders als das Gericht selbst in seiner Ladung an die Verteidiger, den Gasthof "Waldesrand" in "Röthenbach (Pegnitz)" (und nicht in "Röthenbach bei Lauf") lokalisierte. Allerdings ist zur 'Ehrenrettung' des Gerichts zu sagen, dass die Bezeichnung "Röthenbach bei Lauf" lange üblich war.[21]

---

[21] S. z.B die bei *Leonhard Herbst* ,Röthenbach – Am Anfang waren die Mühlen am Bach, Lauf 2010, abgebildeten Postkarten aus der ersten Hälfte des 20. Jahrhunderts.

4.4. Arbeitszeugnis als Prozessvorbereitung

Natürlich bereiteten sich auch die Angeklagten und ihre Verteidiger auf den Prozess vor. Eine der Angeklagten übersandte dem Gericht vor Prozessbeginn das Zeugnis einer Arbeitgeberin. Dies wohl, um das Gericht davon zu überzeugen, dass eine solche Person keine Straftaten begeht. In dem Zeugnis heißt die unter anderen:

> *"Frau Katharina Schulz, geboren am ... ist seit Herbst 1945 als Aushilfe bei mir tätig.*
>
> *Frau Schulz hat mir in all` den Jahren treu zur Seite gestanden und hat die in meinem Haushalt anfallenden Arbeiten mit hingebender Selbstverständlichkeit und nie erlahmender Tatkraft sauber und exakt erledigt, dass ich ihr bedenkenlos mein volles Vertrauen schenken durfte.*
>
> *Es ist mir eine freudige Genugtuung, bestätigen zu können, dass trotz ungewöhnlicher aber unverschuldeter familiärer Schwierigkeiten, mit denen Schulz zu kämpfen hat, ihr Charakter und ihre Lebensführung so anständig, ehrlich und untadelig sind, dass ich es bedauern würde, sie je einmal als Mitarbeiterin in meinen Haushalt zu verlieren."*

Aus dem Abstand von sechs Jahrzehnten fragt man sich, ob das damals der übliche Stil eines Arbeitszeugnisses war. Oder ob hier jemand versucht hat, mit diesem Zeugnis der Empfängerin einen besonderen Gefallen zu tun. Schmunzeln möchte man über die Bemerkung von der "nie erlahmenden Tatkraft". Diese Bewertung traf mit Sicherheit auch auf andere Mitangeklagte zu, wenn auch bezüglich Tätigkeiten, die außerhalb des Haushaltes verrichtet wurden.

4.5. Der Böhmsaal. Mittelpunkt des öffentlichen Lebens

Es war kein Zufall, dass das Gericht auf der Suche nach geeigneten Räumlichkeiten für die Gerichtsverhandlung auf der Saalbau der Gaststätte "Zum Waldesrand", der auch heute noch, nach einem ehemaligen Wirt, kurz als "Böhmsaal" bezeichnet wird, stieß. Schließlich bildete dieser einen der Mittelpunkte des gesellschaftlichen Lebens in Röthenbach.[22] Bis weit in die 60-er Jahre hinein fanden dort Tanzveranstaltungen, Theateraufführungen und sonstige Veranstaltungen statt. Der Autor selbst gab dort, es muss 1967 oder 1968 gewesen sein, bei einem evangelischen Ge-

---

[22] Weitere Informationen zur Gaststätte "Zum Waldesrand", insbesondere zu den Besitzverhältnissen, enthält *Herbst*, Röthenbach – Am Anfang…, dort S. 207.

meindeabend sein Bühnendebüt, bei dem er im Rahmen eines Kindertheaterstückes - bis zur Unkenkenntlichkeit verkleidet – stumm einen Storch mimte.

Zur Zeit des Prozesses konnte man dort mitunter auch eine fränkische Fußballlegende hautnah erleben, nämlich den Rekordtorwart des FCN Heinrich Stuhlfauth. Für Jüngere (und unverbesserliche Bayernfans eines jeden Alters) soll nicht unerwähnt bleiben, dass der Club mit ihm im Tor vom 8. Juli 1918 bis zum 5. Februar 1922 kein einziges von immerhin 104 Verbandsspielen verlor. Wobei das Torverhältnis in diesem Zeitraum unglaubliche 480:47 betrug - natürlich zugunsten der Nürnberger Mannschaft.

Was verschlug einen solchen Weltklassefußballer nach seiner Karriere in den Saalbau nach Röthenbach? Der schnöde Broterwerb. Stuhlfauth leitete er nach seiner aktiven Laufbahn das Lokal „Sebaldklause", das im Zweiten Weltkrieg allerdings zerstört wurde. Deshalb führte er nach dem Krieg, neben seiner Tätigkeit als Schulsportlehrer, in Wirtshaussälen Fußballlehrfilme als Werbeaktion für den Mineralölkonzern „Shell" vor.

5. Der Prozess beginnt

5.1.   Eine eher beiläufige Ankündigungen in der Pegnitzzeitung

Wann haben die Röthenbacher von den Metalldiebstählen erfahren und wann davon, dass der Prozess vor ihrer Haustüre stattfinden würde? Möglicherweise kursierten in Röthenbach schon lange vor der Verhaftung der späteren Angeklagten Gerüchte über die Metalldiebstähle. Vielleicht hat der eine oder andere Nachbar, während er den Müll rausbrachte oder sein Gemüsebeet im Vorgarten goss, aufgeschnappt, wie Hans Meier vom Dreirad herab einen Helfer zum Mitfahren aufforderte - und dann eins und eins zusammengezählt. Möglicherweise war es auch nicht verborgen geblieben, dass einige Röthenbacher öfters bis tief in die Nacht weg waren, um dann mit Metall auf dem Dreirad zurückzukommen und dass sie anderntags viel mehr Geld als üblich hatten. Da in den Kreisen der späteren Angeklagten nicht gerade wenig getrunken wurde, ist es auch wahrscheinlich, dass der eine oder andere nach ein paar "Seidlä" Bier im Wirtshaus (vielleicht sogar im "Waldesrand") mit seinem Zusatzeinkommen prahlte.

Sicher sind nach den ersten Verhaftungen zumindest bruchstückhafte Informationen über die Diebeszüge durch die Gemeinde gegeistert. Darüber, was sich genau ereignet hatte, würde jedoch erst die Gerichtsverhandlung Aufschluss bringen. Vermutlich hätten aber nur wenige Röthenbacher täglich 1,20 DM für die Fahrt nach Nürnberg zur Gerichtsverhandlung ausgegeben. Da traf es sich gut, dass der Prozess in Röthenbach selbst stattfinden sollte. Gerade diejenigen, die gerne Klatsch und Tratsch hörten und weiterverbreiteten, werden sich über diese, noch dazu kostenlosen "Vorstellungen" im Böhmsaal gefreut haben. Die Nachricht, dass der Prozess in Röthenbach selbst stattfinden sollte, dürfte sich deshalb schnell durch Mundpropaganda verbreitet haben.

Zeitungsleser dagegen mussten schon genau hinschauen, wenn sie den Prozessbeginn nicht verpassen wollten. Ausgerechnet die im benachbarten Lauf erscheinende "Pegnitz-Zeitung" wies nämlich eher verschämt auf den Prozess hin. Zwischen vierzeiligen Glückwünschen für Geburtstagskinder jenseits des siebzigsten Lebensjahres und der Ankündigung einer Veranstaltung der Sudetendeutschen Landsmannschaft zum damals sehr aktuellen Thema "Lastenausgleich" wurde die erste Verhandlung an versteckter Stelle und eher verschämt angekündigt.

In dem betreffenden Text hieß es lapidar:

"Eine interessante Verhandlung beginnt am Montag 8:30 Uhr im Böhmsaal. Die Stadtpolizei Lauf konnte im Dezember 1951 den Täter eines Freileitungsdiebstahls festnehmen. Die Landpolizei setzte die Ermittlungen fort mit dem Ergebnis, dass sich immer mehr Personen als an einer Reihe von solchen Diebstählen beteiligt herausstellten, die nun als Angeklagte vor Gericht stehen werden. Man rechnet mit mehreren Tagen der Verhandlung."

Sensationsjournalismus sieht anders aus! Warum lassen sich gerade die Journalisten der Zeitung, die dem Geschehen und seinen Beteiligten am nächsten ist, die Gelegenheit zu richtig "knackiger" Berichterstattung entgehen? Möglicherweise wollte man die Angeklagten nicht zu sehr vor ihrem Umfeld entblößen. Genauso gut ist es auch möglich, dass diese ungewöhnliche Zurückhaltung ihren Grund in der Angst der Redaktion hatte, es sich durch allzu klare Worte mit ihren Röthenbacher Lesern - oder auch Anzeigenkunden - zu verderben. Oder war es vielleicht gar das Desinteresse der Laufer Redaktion an Röthenbach und den dortigen Ereignissen? Sei es wie es mag: Festzuhalten ist auf jeden Fall, dass die regionale Presse ("Nürnberger Nachrichten" und "Nürnberger Zeitung") auch in den folgenden Wochen öfter, ausführlicher und detaillierter über der Prozess berichteten als die "Pegnitz-Zeitung" aus der Nachbarstadt, die damals noch als eigenständige Zeitung erschien.

Die Formulierung *Man rechnet mit mehreren Tagen der Verhandlung"* in der Pressenotiz war übrigens leicht untertrieben. Tatsächlich war das Gericht anfangs zu optimistisch, was die Verfahrensdauer anging. Unter anderem konnte man erst später als ursprünglich geplant in die Beweisaufnahme eintreten. Letztlich sollte sich das Verfahren nämlich über fast eineinhalb Monate hinziehen. Verhandlungen fanden nämlich am Montag, dem 17. November 1952, am Dienstag, dem 18. November, am Donnerstag, dem 20. November, am Freitag, dem 21. November, am Montag, dem 24. November, am Dienstag, dem 25. November, am Mittwoch, dem 26. November, am Donnerstag, dem 27. November, am Freitag, dem 28. November, am Montag, dem 1. Dezember, am Dienstag, dem 2. Dezember, am Mittwoch, dem 3. Dezember, am Donnerstag, dem 4. Dezember, am Dienstag, dem 9. Dezember, am Mittwoch, dem 10. Dezember, am Donnerstag, dem 11. Dezember, am Freitag, dem 12. Dezember, am Montag, dem 15. Dezember und am Dienstag, dem 16. Dezember statt.

Nach mehrtägiger Beratungspause verkündete dann das Gericht am Tag vor Weihnachten, also am 23. Dezember, das Urteil. Aber bis dahin war noch ein langer Weg.

5.2. Der Prozesstag begann am Bahnhof

Glücklicherweise waren andere Zeitungen weitaus "gesprächiger" als die "Pegnitz-Zeitung". Deshalb kann man sich auch heute noch ein lebhaftes Bild vom Prozessverlauf, auch soweit er nicht in den Akten dokumentiert ist, machen. Auf dieser Grundlage, und mit ein bisschen Fantasie, wird man sich den typischen Verlauf eines Prozesstages in Röthenbach folgendermaßen vorstellen können:

Der Gerichtstag begann für die Röthenbacher Öffentlichkeit sicher schon vor dem eigentlichen Prozess. Schließlich reisten die Richter, sonstigen Justizangestellten und auch ein großer Teil der Rechtsanwälte kurz vor der jeweiligen Verhandlung mit dem Zug aus Nürnberg an. Sicher sorgte die "Parade der Juristen" bei den Röthenbacher an für erhebliches "Aufgeschau", wenn sie gemessenen Schrittes in kleinen Gruppen ins Gespräch vertieft, vorbei an der evangelischen Kirche, dann am Rathaus schließlich über den Kinoberg dem Gerichts- pardon: Wirtshaussaal zustrebte.

Als Mitglieder des Gerichts reisten an: Die Richter der IV. Strafkammer, nämlich deren Vorsitzender Landgerichtsdirektor Dr. Grüber, die beiden Landgerichtsräte Klein und Henke als Beisitzer sowie der Postsekretär Friederich Jahn aus Nürnberg und der Landwirt Johann Gänsbauer aus Oberndorf als Schöffen. Außerdem kamen der Staatsanwalt Herf sowie als Urkundsbeamte der Geschäftsstelle der Justizinspektor Schmidt und der Juristizobersekretär Käetner jeden Tag aus Nürnberg.

Vermutlich wurde die, soweit ersichtlich, einzige Dame in diesem Zug besonders neugierig begutachtet. Die Rede ist von Dr. Gabriele Lehmann, der einzigen Frau unter den Rechtsanwälten. Sicher gab der Umstand, dass hier eine Frau als Strafverteidigerin auftrat, Anlass für die eine oder andere gehässige Bemerkung neidischer männlicher Kollegen. Die Kollegin Dr. Lehmann wird es sicher ebenso gelassen ertragen haben, wie manch andere ähnliche Bemerkung während ihrer jahrzehntelangen Karriere in der Männerdomäne "Strafverteidigung" in der Noris.

Meistens werden sich diese "juristischen Berufspendler" auf ihrem Weg zum Böhmsaal miteinander unterhalten haben. Ab und zu wird man aber auch ein Wort mit anderen Bahnfahrern gewechselt haben. Auch mit solchen, die mehr oder weniger dasselbe Ziel hatten. Am ersten Tag des Prozesses soll es nach der Erinnerung des Röthenbacher Heimatchronisten

Ernst Pürner sogar so gewesen sein, dass der Vorsitzende Richter auf dem Fußweg zum "Waldesrand" ein lebhaftes Gespräch mit einem Passanten begann, der ihn angesprochen hatte. Worauf einer der Gerichtsbediensteten nervös versuchte, dem Vorsitzenden Richter etwas zuzuflüstern. Dies gelang aber erst nach einigen Versuchen, aber noch früh genug, um zu verhindern, dass der Landgerichtsdirektor in das provisorische Gerichtsgebäude eintrat, während er in einen lebhaften Plausch mit einem nicht in Untersuchungshaft befindlichen Angeklagten vertieft war.

Bei der Röthenbacher Bevölkerung nicht unbemerkt geblieben sein dürfte auch die sogenannte "Zuführung" der elf Angeklagten, die sich entweder in Untersuchungshaft oder, weil sie in anderer Sache schon verurteilt wurden waren, in Strafhaft befanden. Diese kamen nicht aus dem Untersuchungsgefängnis in der Mannertstraße in Nürnberg, sondern aus der anderen Richtung, nämlich aus Lauf. Dort saßen sie in den Nächten zwischen den Verhandlungstagen im dortigen Polizeigefängnis ein. Die Möglichkeit, die in Haft befindlichen Angeklagten unweit des Verhandlungssaales über Nacht einsperren zu können, war eine der Voraussetzungen, den Prozess in Röthenbach stattfinden zu lassen. Auch hierüber findet sich amtliche Korrespondenz in der Gerichtsakte.

Ob die aus Röthenbach stammenden, inhaftierten Angeklagte diese Nächte in einer Laufer Zelle als Abwechslung oder, wegen des gespannten Verhältnisses zwischen der alten Bürgerstadt und dem aufstrebenden, proletarisch geprägten Industriestandort, eher als Strafverschärfung empfunden haben, lässt sich nur mutmaßen. Aber sicher haben sie es sich wohl kaum träumen lassen, dass sie so schnell wieder in das Wirtshaus "Zum Waldesrand", dass sie von vielen anderen, wesentlich angenehmeren Veranstaltungen kannten, kommen würden. Vielleicht hatten sie bei ihrem Gang von der "Grünen Minna" in den Gerichtssaal auch Gelegenheit, ein kurzes Wort mit Verwandten oder Bekannten zu wechseln. Zumindest aber dürfte ihnen der eine oder andere eine aufmunternde Bemerkung zugerufen haben. Möglicherweise mussten sie sich aber auch scherzhaft gemeinte Kommentare anhören wie: "*Heid kriegst feil kär Bier dauherin*". Vermutlich wäre es deshalb vielen Angeklagten lieber gewesen, wenn der Prozess in Nürnberg stattgefunden hätte.

5.3.   Die Atmosphäre im Gerichtssaal

Trotz der eher verhaltenen Ankündigung in der Presse litt der Prozess keineswegs an mangelndem öffentlichem Interesse. Ganz im Gegenteil: Der Böhmsaal war meist brechend voll. Die Zeitungen berichten von "mehreren hundert" Zuschauern pro Verhandlung. In einer ist sogar von vierhundert Zuhörern, die im Saal Platz hatten, die Rede. Für die Angeklagten war das sicher keine angenehme Situation. Schließlich war die "Öffentlichkeit", die den Prozess verfolgte, für sie keine anonyme Masse. Die Angeklagten kannten vielmehr die meisten der Zuhörer persönlich. Deshalb dürften sie sehr genau gespürt haben, ob ihnen in manchen Situationen eher Mitleid oder aber Schadenfreude entgegengebracht wurde. Beides ist schon unter normalen Umständen nicht eben angenehm für Angeklagte. Wenn die Strafverhandlung jedoch im eigenen Stammlokal tagt, dann dürfte das richtig peinlich sein. Genau das wollte das Gericht jedoch mit der Verlegung des Prozesses nach Röthenbach erreichen. Die sogenannte Generalprävention bezweckt schließlich nichts anderes als die "Abschreckung der Allgemeinheit". Und diese funktioniert eben am besten am mahnenden Beispiel Einzelner, die dadurch freilich zum Objekt gemacht werden. Öffentliche Hinrichtungen sind ein Beispiel für diese Vorgehensweise. Oder aber das "An-den-Pranger-Stellen". Die Röthenbacher Verhandlung dürfte nicht weit weg von Letzterem gewesen sein.

Man kann sich vorstellen, dass diese große Menge an Zuhörern dem Geschehen nicht immer mucks-mäuschenstill folgte, sondern es zumindest untereinander durch Getuschel kommentierte. Auch den einen oder anderen Zwischenruf aus den Zuschauerreihen wird es wohl gegeben haben. Ab und zu ist es im Gerichtssaal wohl auch unter den Zuhörern lauter geworden. Dann dürfte das ungefähr so gewesen sein wie beim königlich-bayerischen Amtsgericht, nur eben in fränkische Mundart. Und mit wesentlich mehr Angeklagten sowie Zuhörern.

Die Justiz hatte sich auf den Zuhörerandrang eingestellt. Deshalb hatte auch man ein Schild mit der Aufschrift "Wegen Überfüllung geschlossen" vorbereitet, das Polizeibeamte an beinahe jedem Verhandlungstag an den Eingangstüren anbringen mussten. Dieses Schild führte jedoch nicht dazu, dass diejenigen, die keinen Platz bekommen hatten, nachhause gegangen wären. Wie die "Nürnberger Zeitung" in ihrer Ausgabe vom 25. November 1952 berichtete, harrten viele Röthenbacher "unentwegt aus, um vielleicht doch noch in den Saal zu kommen". Deshalb war während der Tage des Prozesses sicher auch auf der Rückersdorfer Straße und in der Gaststube des "Waldesrands" einiges los.

Wenn ein Zuhörer vorzeitig den Gerichtssaal verließ, wurde vermutlich einer der Wartenden eingelassen. Auch hier dürfte es mitunter Gedränge und Streitigkeiten darüber, wer als nächstes hineindurfte, gegeben haben. Diejenigen, die den Gerichtssaal frühzeitig verlassen hatten, wurden vermutlich von den Wartenden gedrängt, zu erzählen, was drinnen alles vor gefallen war. Alles in allem dürfte eine ganz andere Atmosphäre geherrscht haben, als dies im erhabenen Nürnberger Gerichtsgebäude der Fall gewesen wäre.

5.4. Mittäter im Zuhörerraum?

Das Zuschauerinteresse hatte seine Ursache möglicherweise nicht nur in der Neugier und Sensationslust der Röthenbacher. Mancher beobachtete den Prozess möglicherweise auch deshalb, weil er fürchten musste, im Laufe des Verfahrens ebenfalls als Mittäter entlarvt zu werden. Eine Zeitung berichtet in ihrer Ausgabe vom 22. November 1952 unter der Überschrift *"Lastwagen standen in langen Reihen zum Abtransport bereit"*, dass der Hauptangeklagte Hans Meier während der Gerichtsverhandlung bemerkt hätte, er könne *"nicht begreifen, warum nur bei den 27 so ein Aufsehen gemacht würde, wo doch noch 80 -100 Leute auf der Anklagebank gehören würden"*. Schließlich habe damals in Röthenbach *"fast jeder irgendwie mit Metall gehandelt"*. Offensichtlich verfehlte diese Bemerkung auch bei einigen der Zuhörer ihre Wirkung nicht. Der berichtende Journalist kommentiert diese Äußerung nämlich so:

> *"Bei Beobachtung der Personen des Zuschauerraums möchte man ihm diese Behauptung glauben. Es hat so den Eindruck, als ob Verschiedene der Verhandlung in der Angst beiwohnen, einer der Beschuldigten könne vielleicht zu viel sagen."*

Wesentlich entspannter ging es in der Mittagspause zu. Für die inhaftierten Angeklagten brachte sie sogar eine willkommene Abwechslung von der Gefängniskost. Die "Nürnberger Zeitung" berichtet nämlich in ihrer Ausgabe vom 26. November 1952:

> *"Mittags entwickelte sich immer ein Idyll. Mit Erlaubnis des Vorsitzenden können die in Haft befindlichen Angeklagten, streng in Gruppen getrennt, das von ihren Angehörigen mitgebrachte warme Essen einnehmen."*

Nicht mehr feststellen lässt sich dagegen, ob das Gericht und die zahlreichen Rechtsanwälte im "Waldesrand" oder einem der umliegenden Wirtshäuser gespeist haben. Wenn dem so war, dann war der Prozess zugleich eine Art "Wirtschaftsförderungsprogramm" für Röthenbach, im doppelten Sinne des Wortes. Nicht auszuschließen ist aber, dass damals in der Nachkriegszeit auch Richter sowie Staats- und Rechtsanwälte Stullen und Äpfel oder Vorgekochtes im "Henkelmann" für die Mittagspause in der Aktentasche mitnahmen.

6.   Der Prozessverlauf

6.1.   Die ersten beiden Verhandlungstage: Anklage, Formalien und Statistik

Im Laufe des Prozesses sollte es zu einer ganzen Reihe von "*Schilderungen tragikkomischer Episoden*" (so die " Nürnberger Zeitung" am 28. November 1952) kommen. Der Prozessauftakt verlief jedoch eher verhalten, da zuerst, wie das von Gesetzes wegen vorgeschrieben ist, die Anklageschrift verlesen und die Angeklagten zur Person vernommen wurden. Beides nahm wegen der Vielzahl der Angeklagten und der Taten, die ihnen vorgeworfen wurden, insgesamt zwei Verhandlungstage in Anspruch. Die Anklage umfasste 76 Seiten, zu denen noch die Anlagen kamen, so dass es die Anklageakte auf stolze 592 Seiten in vier Bänden brachte.

Die Verlesung der Anklageschrift dürfte auch für den diensthabenden Staatsanwalt Dr. Herf ein besonderer Tag in seinem Berufsleben gewesen sein. Vermutlich hatte er nie mehr in seiner Laufbahn ein größeres Publikum als bei diesem Prozess. Sicher hatte er auch niemals aufmerksamere Zuhörer als hier im Röthenbacher Wirtshaussaal, in dem bei jeder Nennung des Namens eines Beteiligten fast tausend Augen mehr oder weniger unverhohlen hin zu dem Mitbürger auf der provisorischen Anklagebank wanderten.

An den ersten beiden Verhandlungstagen kamen auch einige "statistische" Dinge zur Sprache: Von den siebenundzwanzig Angeklagten waren zwanzig Männer und sieben Frauen. Der ”Emanzipationsgrad” war also für die damalige Zeit erheblich. Aber es dürfte typisch für ein industriell geprägtes Umfeld sein, dass dort auch Frauen ”Männerarbeit” machen. Warum sollte das nur für legale Tätigkeiten gelten?

Der älteste Mann war bereits siebenundfünfzig Jahre, also 1895 geboren. Der jüngste war gerade einmal neunzehn, das heißt im unseligen Jahr 1933 geboren. Bei den Frauen war die Mutter des Hauptangeklagten Hans Meier, Bärbel Meier, auch genannt „Oma Meier", mit sechzig Jahren die älteste. Die jüngste der angeklagten Frauen, die Ehefrau des Hauptangeklagten Hans Meier war 35 Jahre alt. Weiter stellte das Gericht fest, dass nur vier der Angeklagten bisher noch nicht vorbestraft waren. Bei den anderen betrugen die Vorstrafen (die meist ebenfalls wegen Eigentumsdelikten verhängt worden waren) bis zu zwei Jahren pro Angeklagtem. Man hatte es also überwiegend mit "alter Kundschaft" zu tun. Aber auch für die Hartgesottenen unter den Angeklagten dürfte es eine neue Erfahrung gewesen sein, dort, wo ansonsten das Tanzbein geschwungen, Laientheateraufführungen gebotenen und Faschingsbälle abgehalten wurden, vor dem Kadi zu stehen.

Zum Prozessauftakt machte das Gericht auch deutlich, dass es keinen "kurzen Prozess" geben würde. Insbesondere wegen der vielen Zeugen, die zu hören waren, wurde die voraussichtliche Prozessdauer auf drei Wochen veranschlagt. In seiner Anklageschrift, schilderte Staatsanwalt Dr. Herf ein unglaubliches Panoptikum an Metalldiebstählen, die, meist nachts, von wechselnden Besetzungen, landauf, landab entlang von Fernmelde- und Stromleitungen, auf Lagerplätzen, in Fabriken, in aufgelassenen Flakstellungen und auf Bahnhöfen begangen wurden. Dr. Herf, der im Laufe des Verfahrens zur Höchstform auflaufen sollte, stellte dabei, wohl nicht nur mit Blick auf die angeklagten Röthenbacher im Saal, empört fest, dass in der Pegnitzgemeinde damals das "reinste Goldfieber" geherrscht haben müsse. Eine Äußerung, die bei den zahlreichen Zuhörern noch nachträglich zu neidischen Blicken hin zu den Angeklagten geführt haben dürfte.

Die Ruhe selbst scheint dagegen der Vorsitzende der IV. Strafkammer, Landgerichtsdirektor Dr. Grüber, gewesen zu sein. Seine besonnene und umsichtige Verhandlungsführung wurde in der Presse durch die Bank weg gelobt. Entsprechend wurde auch besonders hervorgehoben, wenn er dann einmal lauter wurde. Ansonsten scheint Dr. Grüber eher nach dem Motto "In der Ruhe liegt die Kraft" verfahren zu sein. Die ”Nürnberger Nachrichten” halten am 26. November 1952 ausdrücklich fest:

"Der erfahrene Gerichtsvorsitzende, Landgerichtsdirektor Grüber, steht den fast durchwegs ziemlich jungen Angeklagten mit einer väterlichen Würde gegenüber und lässt manchmal minutenlange Dialoge zweier Angeschuldigter zu, um daraus ein desto farbigeres Bild von der Mentalität dieser Menschen zu gewinnen, über die seine Strafkammer Recht sprechen muss".

Am ersten Verhandlungstag wurde aber auch eine der vielen menschlichen Tragödien, die sich am Rande abspielten, deutlich. Die ”Nürnberger Zeitung” vermeldet zuerst hämisch, dass den *”Rekord hinsichtlich der Vorstrafen"* der Angeklagte Altmetallhändler Hans Meier mit 31 solcher Verurteilungen halten würde. Ergänzend fügt sie hinzu, dass Meier "*durch bereits erfolgte andere Verurteilungen noch bis zum 28. Januar 1954 mit Gefängnis versorgt"* sei. Danach berichtet sie übergangslos:

"Seine Ehefrau musste am ersten Verhandlungstag aus der Untersuchungshaft entlassen werden, da ihr drei Jahre altes Kind an spinaler Kinderlähmung erkrankt ist."

Im anschließenden Bericht über den Prozessverlauf liegt der Fokus insbesondere auf den Angeklagten Hans Meier und Manfred Schulz, *"denen 20 beziehungsweise 16 Einzelvergehen zur Last gelegt werden"*. Meier, so weiter, sei nach Auffassung der Staatsanwaltschaft meistens der Organisator der begangenen Diebstähle gewesen. Bei einem" Umsatz" von 108.381,00 DM habe er in nur anderthalb Jahren einen Verdienst von nahezu 50.000.00 DM erzielt. Weiter wird zur Erläuterung ausgeführt:

"Da Meier laufend über große Summen verfügen konnte und mit diesem leicht verdienten Geld sehr großzügig umging, suchten ihn die Angeklagten wie die Motten das Licht. Mit Vorschüssen, welche für Trinkgelage verwendet wurden, fing es an und mit der Aufforderung zur Mithilfe bei Diebstählen und Einbrüchen wurde die geschlossene Freundschaft fortgesetzt."

Und dann klingt in der Presseberichterstattung bereits ein Umstand ein, der im Urteil noch besondere Berücksichtigung finden sollte:

"Es waren vor allem junge, arbeitslose Burschen, welche zu den Diebesfahrten überredet wurden und denen erzählt wurde, dass sie viel Geld verdienen könnten."

6.2.   Der dritte Verhandlungstag: Geständnis widerrufen, Ehebrecher enttarnt

Die ersten beiden Verhandlungstage waren, wie schon gesagt, mit den gesetzlich vorgeschriebenen Formalien am Beginn eines jeden Strafprozesses angefüllt. Umso erstaunlicher ist es, dass sich bereits am dritten Verhandlungstag, dem Donnerstag 20.11.1952, die ersten Konflikte abzeichneten. Die Gründe hierfür lagen jedoch nicht im Strafverfahren wegen der Metalldiebstähle begründet. Was das anging half man sich, soweit es eben ging, gegenseitig und schützte schon einmal Gedächtnisschwächen vor. Hintergrund der Streitereien war vielmehr der Verdacht ehelicher Untreue, dieses Mal allerdings nicht gegen einen der männlichen Angeklagten, sondern gegen eine der Frauen, denen der Prozess gemacht wurde.

Behandelt wurden an diesem Tag die Diebstähle in der Uhrenfabrik Köhler in Laufamholz. Von einem dieser Diebstähle wurde weiter oben ja schon berichtet. Bei dem geschilderten Fall blieb es jedoch nicht. In Laufamholz war man nämlich insgesamt dreimal eingestiegen und hatte dabei nicht weniger als acht Zentner Kupfer- und Messingabfälle gestohlen.

In dem am 20. November 1952 verhandelten Fall soll es Manfred Schulz gewesen sein, der diese Gelegenheit ausbaldowert und den anderen schmackhaft gemacht haben soll. Dies unter anderem mit dem Hinweis darauf, dass sein eigener Bruder Max bei der Polizei in Laufamholz Dienst tue. Und der würde bestimmt ein Auge zudrücken, wenn er zusammen mit weiteren Komplizen dort ans Werk ginge. Nun, in der Verhandlung, bestritt Manfred Schulz allerdings sowohl, den Tipp für die Diebstahlsmöglichkeit gegeben zu haben, als auch seine eigene Beteiligung an der tat. Der Vorsitzende Dr. Grüber hielt ihm daraufhin vor, dass sich seine Mittäterschaft an den Diebstählen in der Uhrenfabrik durch die Vernehmung des Ehepaars Meier nachweisen ließe. Was nun seinerseits Hans Meier veranlasste, seinem Mitangeklagten Manfred Schulz beizuspringen, und seine frühere Aussage, in der er diesen belastet hatte, zu widerrufen. Stattdessen behauptete Meier nun, nicht mehr genau zu wissen, was damals eigentlich so vorgefallen sei. Seine Ehefrau Sonja Meier zeigte – aus welchem Grund auch immer – weniger Mitleid mit Manfred Schulz und ein besseres Gedächtnis. Sie blieb nämlich bei ihrer Aussage, dass sie ein Gespräch zwischen Manfred Schulz und ihrem Mann teilweise mitgehört habe, bei dem es um mögliche Diebstähle in der Uhrenfabrik ging. Ganz ohne Ablenkungsmanöver ging es jedoch auch bei Frau Meier nicht. Im Verlauf ihrer Aussage erwähnte sie den damaligen Presseberichten zufolge nämlich auch einen großen Unbekannten. Allerdings wird nicht klar, worin dessen Rolle eigentlich gelegen haben soll.

Aber bereits damals, vor fast 60 Jahren, scheinen auch für diejenigen, die den dritten Verhandlungstag persönlich mitverfolgt hatten, noch verschiedene Fragen offen geblieben zu sein. In einem Zeitungsbericht vom 21. November 1952 heißt es abschließend:

"Auch die Vernehmung der anderen Beteiligten ergab kein klares Bild dieser Diebstähle, da auch diese Aussagen auseinandergingen. Man hatte den Eindruck, dass keiner der Beschuldigten den anderen belasten wolle."

Der Grund für die Unstimmigkeit zwischen den früheren Mittätern lag wohl weniger in solchen taktischen Überlegungen. Bei den Wortgefechten zwischen den Angeklagten Meier, Manfred Schulz und einigen anderen, ging es wohl auch um ganz andere Dinge. Hierzu meinten die "Nürnberger Zeitung" vom 21.November 1952 wörtlich:

"Die vier angeblich Beteiligten, Hans Meier, Ralf Wagner, Herbert Schulz und Manfred Schulz. prallten einige Male ziemlich aufgeregt aufeinander, wobei auch persönliche Gründe, und zwar ein angeblicher Meineid von der Frau Meier in einem Ehescheidungsprozess, sowie ein Verhältnis, das sie angeblich zu einem der Angeklagten haben soll, eine Rolle spielten."

Mitleid mit Frau Meier wegen der ehelichen Verfehlungen ihres Mannes scheint also fehl am Platze zu sein. Es spricht einiges dafür, dass sie es ihm mit gleicher Münze zurückgezahlt hat. Und sich dafür ausgerechnet einen der Komplizen ihres Mannes ausgesucht hatte. Dass einige Mitglieder der Röthenbacher Metalldiebesbande auch auf intimste Weise miteinander verflochten waren, zeigte sich also bereits an diesem frühen Verhandlungstag. Solche "persönlichen Verbindungen" in Strafprozessen freuen meist den Staatsanwalt. Schließlich ist es in solchen Situationen nicht selten, dass sich gerade Angeklagte, die früher sehr nahe beieinander standen (und lagen), gegenseitig belasten, um es sich einander heimzuzahlen. Der Staatsanwalt Dr. Herf wird also diese ersten Auseinandersetzungen persönlicher Art zu Beginn des Prozesses in freudiger Erwartung der Dinge, die da noch kommen würden, zur Kenntnis genommen haben. Er konnte schließlich hoffen, dass sich im weiteren Prozessverlauf die Angeklagten wegen ihrer persönlichen Abrechnungen gegenseitig "ans Messer liefern" würden.

Auch dem Prozesspublikum werden diese Informationen über das private Leben der Angeklagten mehr als lieb gewesen sein. Die Stimmung, die sich in solchen Momenten im Saal breitgemacht hat, kann man sich lebhaft vorstellen. Sicher, in Röthenbacher Wirtshäuser wird öfter einmal über angebliche Ehebrüche von Röthenbacher spekuliert, hier geschah dies jedoch nicht an irgendeinem Biertisch im Eck, sondern in einer Gerichtsverhandlung vor achthundert scharf gespitzten, ortsansässigen Ohren. Muss man mehr sagen?

Neben persönlichen Details sorgten auch die verschiedensten Versionen ein und desselben Geschehens für Unterhaltung. Eine anschauliche Beschreibung dessen, was dem Röthenbacher Publikum im Böhmsaal in den Monaten November und Dezember 1952 geboten wurde, geben die "Nürnberger Zeitung" in einem Bericht vom 27. November 1952:

> *"Jedes Mal wenn sich einer der 27 Angeklagten in dem Röthenbacher Gasthaussaal erhebt, um dem Gericht zu antworten, vernimmt man eine neue Darstellung dieser abenteuerlichen Diebesgeschichte. Da sind die Frauen, die ihre Männer herausreißen, Frauen, die ihre Männer schützen, Mädchen, die den Geliebten freibringen wollen ..."*

Ein idyllisches, ja fast herzzerreißendes Bild. Allerdings wies dieselbe Zeitung im gleichen Artikel deutlich darauf hin, dass im Verlauf des Verfahrens mehr aus dem Privatleben der Beteiligten an das Licht der Öffentlichkeit kam, als diesen lieb gewesen sein dürfte:

> *"Da kommt es sogar für die zwanzig Männer und sieben Frauen auf der Anklagebank selbst zu mancherlei Überraschungen. Ehefrauen müssen erfahren, dass ihre Gatten sich mit den "Arbeitskolleginnen" ihres nächtlichen Gewerbes einließen, Freundinnen, dass sie die Gunst ihrer Geliebten mit anderen Mädchen teilten."*

Eine Situation, die für die Betroffenen sicher alles andere als angenehm war. Der Journalist damals sah demgegenüber jedoch eher die angenehme Seite für die Zuhörer im Gerichtssaal. Seine diesbezügliche Schlussfolgerung lautete nämlich:

> *"Dabei entstand eine Reihe von Situationen, die einer gewissen Komik nicht entbehren."*

Offensichtlich gelang es aber dennoch, die Gerichtsverhandlung an diesem Tag ohne größere Störungen ordnungsgemäß weiterzuführen. Der Grund dafür wurde schon erwähnt. Die "Nürnberger Zeitung" formulieren ihn so:

> *"Es ist nur der ruhigen und sachlichen Verhandlungsführung durch Direktor Grüber zu danken, dass diese ersten Klippen einwandfrei umschifft werden konnten."*

Dieser dritte Verhandlungstag am Donnerstag, dem 20. November 1952 brachte noch weitere "schlüpferige" Details, die sicher schon wenige Minuten nach Verhandlungsende in Röthenbach die Runde gemacht haben dürften. So wurde berichtet, dass die Posten, die das ehemalige Gelände der US Armee in Röthenbach bewachten, *"nachts mit Frauen und Schnaps bestochen"* wurden, so dass man in den Jahren 1950 und 1951 dort *"Tag und Nacht ...ungehindert tonnenweise Metall"* wegbringen konnte.

6.3. Starkstromkabel aus Schwaig

Bei der Fülle der angeklagten Fälle konnten die Zeitungen nur über die spektakulärsten davon berichten. Keine Erwähnung findet in den Zeitungsberichten deshalb der Anklagefall 1, der ebenfalls zu Beginn des Verfahrens behandelt wurde und der unweit von Röthenbach spielte. Täter sollen hier die Angeklagten Karl Sörgel und Elmar Wickert gewesen sein. Von den Hauptangeklagten trat in diesem Zusammenhang Hans Meier in Erscheinung, der das Diebesgut angekauft haben soll. Im Urteil heißt es später dieser Tat:

"Anfang Juni 1950 fuhren die Angeklagten Karl Sörgel und Elmar Wickert mit einem gewissen Heinz Hartmann in die Nähe von Schwaig, um dort festzustellen, ob an einer früheren Flakstellung noch Altmetall zu finden war. Sie konnten an dieser Stelle jedoch nichts mehr für sie Brauchbares entdecken.

Als sie aber dort in der Gegend umherstreiften, bemerkten sie eine, von einer im Pegnitztal sich hinziehenden Starkstromleitung abzweigende Stichleitung. Diese Stichleitung hatte eine Länge von etwa 250 m und bestand aus zwei Drähten, die in der üblichen Höhe und Weise an Telefonmasten angebracht waren. Sie gehörten der Stadt Nürnberg, die die Leitungen errichtet hatte, um für Versuchsbohrungen Strom zur Verfügung zu haben. Zur Tatzeit stand diese Leitung nicht unter Strom, was auch für die Angeklagten dadurch erkennbar war, dass die Verbindungsdrähte zur Hauptleitung abgeklemmt waren. Die Angeklagten und Heinz Hartmann beschlossen in der Annahme, dass es sich um eine Kupferleitung handle, sie zu stehlen.

Da sie aber kein Transportmittel zur Verfügung hatten und auch die Dämmerung abwarten wollten, fuhren sie nach Röthenbach zurück. Dort begaben sie sich zu dem Angeklagten Hans Meier und erzählten ihm, dass sie Draht abzwicken und an ihn verkaufen wollten. Nähere Einzelheiten teilten sie ihm nicht mit. Es blieb daher für diesen offen, ob es sich um einen Diebstahl von Draht oder die erlaubte Wegnahme von Kabel- oder Drahtleitungen aus ehemaligen Flakstellungen handelte."

Weiter wird ausgeführt, dass Hans Meier den dreien dann das Dreirad seiner Mutter geliehen hätte. Diese fuhren dann ohne Meier zurück zur der Stichleitung und zwickten die Drähte ab, um sie an Hans Meier zu verkaufen. Bei dem Transport der abgetretenen Drähte half ihnen ein gewisser Gehr. Dazu heißt es im Urteil:

> *"Mit dem zusammengerollten Draht begaben sich alle drei zu der Stelle, wo Gehr hinbestellt worden war. Gehr hatte nach seiner Rückkunft aus Nürnberg von Hans Meier den Auftrag erhalten, Karl Sörgel, und Elmar Wickert, die er bereits kannte, abzuholen. Über den Zweck machte ihm Meier keine weiteren Mitteilung. Martin Gehr, der nur Angestellter von Meier war, fragte auch nicht danach. An dem verabredeten Treffpunkt angelangt, blieb Gehr im Auto sitzen und schlief, bis er seinen Namen rufen hörte. Er stieg aber auch dann nicht aus seinem Wagen aus, als sich Karl Sörgel., Elmar Wickert. und Heinz Hartmann näherten und die Beute in den Kasten des Lieferwagens warfen."*

Sämtliche Angeklagten gaben den äußeren Sachverhalt zu. Jedoch argumentierten sie damit, dass ihr Vorgehen nicht strafbar gewesen sei. Elmar Wickert trug vor, dass er sich für berechtigt gehalten habe, sich den Draht anzueignen. Er sei nämlich der Meinung gewesen, dass die tote Leitung von dem Eigentümer aufgegeben worden sei. Hans Meier behauptete, er hätte geglaubt, es hätte sich um Draht gehandelt, den die anderen erlaubterweise aus einer ehemaligen Flakstellung geholt hätten. Dies insbesondere deshalb, da ihm Karl Sörgel und Elmar Wickert solchen Draht vorher schon öfters angeliefert hatten. Gehr schließlich verteidigte sich damit, dass er nur der Fahrer gewesen sei und sich um die Art und die Herkunft des Transportgutes überhaupt nicht gekümmert habe. Man konnte also gespannt sein, wie das Gericht in seinem Urteil zu diesen Verteidigungsversuchen Stellung nehmen würde.

6.4.   Ein Lokaltermin außerhalb des Lokals

Der nächste Verhandlungstag fand am Freitag, dem 21. November 1952, außerhalb des Gerichts- und Wirtshaussaals statt. Das Gericht hatte nämlich einen Ortstermin anberaumt. Ortstermine werden mitunter auch als "Lokaltermine "bezeichnet. Im Röthenbacher Prozess dürfte dieser Ausdruck jedoch in Anbetracht des Ortes, an dem die "normalen" Gerichtsterminen stattfanden, wenig passend sein. In Augenschein genommen wurde das Gelände der Uhrenfabrik Köhler. Geklärt werden sollte dabei unter anderem, ob Manfred Schulz an den dortigen Diebstählen beteiligt war. Diesbezüglich kam das Gericht jedoch auch vor Ort nicht weiter.

Allerdings bekam man in einem anderen Punkt Klarheit: Zwischen der Staatsanwaltschaft und den Anwälten war nämlich umstritten, ob es sich bei dem damaligen Diebstahl lediglich um einen einfachen Diebstahl handelte oder aber um einen Einbruchsdiebstahl. Wichtig ist dieser Unterschied, weil ein Einbruchsdiebstahl schwerer bestraft wird. Allerdings müssen dafür auch zusätzliche Umstände vorliegen. Beispielsweise muss dazu ein *"Hindernis von einer gewissen Erheblichkeit"* überwunden werden. Zu diesem Punkt hatte die Verteidigung vorgetragen, dass der Zaun um das Gelände kein solches Hindernis dargestellt hätte. Der Zaun sei nämlich von Liebespaaren, die sich nächtens auf dem Betriebsgelände ungestört vergnügen wollten, schon so zugerichtet worden, dass man leicht darüber hinweg klettern oder durch ein Loch steigen konnte. Hier konnte sich das Gericht vor Ort davon überzeugen, dass der Zaun um das Betriebsgelände noch intakt war und deshalb nur durch zusätzliche Kraftanstrengung überwunden werden konnte. Weshalb es sich also nicht um einen einfachen, sondern um einen Einbruchsdiebstahl handelte.

Der Staatsanwalt dürfte also mit dem Ergebnis des Ortstermins einigermaßen zufrieden gewesen sein. Seine Freude dürfte aber nicht lange angehalten haben, da schon in dem nächsten Verhandlungstermin eine Hiobsbotschaft auf ihn wartete.

6.5. Zeugen verduften

Am darauf folgenden Montag, dem 24. November 1952, fand der fünfte Verhandlungstag statt. Eigentlich sollte nun damit begonnen werden, die insgesamt achtzehn Zeugen zu hören. In Anbetracht der Fülle an Delikten, die den Angeklagten vorgeworfen wurden, hielt es das Gericht jedoch für besser, noch nicht in die Zeugenvernehmung einzutreten. Deshalb wurden die erschienenen Zeugen wieder weggeschickt und für Donnerstag der folgenden Woche einbestellt. Dabei stellte sich jedoch heraus, dass ein Zeuge überhaupt nicht erschienen war. Laut einer schriftlichen Mitteilung seiner Mutter, die im Gerichtssaal verlesen wurde, soll der Zeuge Anfang August zur Arbeit nach Belgien gegangen sein, da er in Deutschland keine Beschäftigung gefunden hatte. Was auf den ersten Blick wie ein frühes Beispiel für die Flexibilität von Arbeitnehmern im Bereich der heutigen Europäischen Union wirken könnte, hatte jedoch ganz andere Ursachen.

Die ”Nürnberger Zeitung” meinte hierzu trocken:

*"Staatsanwalt Herf kannte jedoch die wahren Gründe dieser plötzlichen Luftver-
änderung und legte dem Gericht einen inzwischen begonnenen Ermittlungsakt vor."*

Der Zeuge hatte sich also aus dem Staub gemacht, um nicht selbst zur
Verantwortung gezogen zu werden. Für den Staatsanwalt kam es aber
noch schlimmer. Auch ein zweiter geladener Zeuge fehlte. Die Nürnberger Zeitung im "O-Ton":

*"Noch ein anderer Zeuge spürte plötzlich dasselbe Verlangen nach einem Wechsel
der Gegend. Auch dieser Zeuge ... ist nicht auffindbar."*

Vor Beginn der Beweisaufnahme waren also schon zwei Zeugen ver-
duftet. Und es sollte noch schlimmer kommen. Noch wichtiger als Zeugen sind für den Staatsanwalt die Angeklagten. Auch deren Anzahl sollte
sich bis zum Ende des Verfahrens vermindern.

6.6.   Treuchtlingen, die erste: Erst das Bier, dann das Kabel

Nach diesem Schock in der Morgenstunde für den Staatsanwalt widmete
sich das Gericht vor allem dem Anklagefall Nummer 8, bei dem eine Kabelrolle von sechshundert Meter Länge mit einem Gewicht von immerhin
zwanzig Zentnern entwendet worden war. Diese Kabelrolle hatte man
entdeckt, als man gerade dabei war im Bahnhof von Treuchtlingen gestohlene Lagerschalen von Lokomotiven abzutransportieren. Da man die
Kabelrolle nicht auch noch mitnehmen konnte, beschloss man bei passender Gelegenheit zurückzukommen. Im Urteil heißt es zu dieser Tat:

*"Etwa 14 Tage später beschlossen Hans Meier, Herbert Schulz und Ralf Wag-
ner, noch einmal mit geeignetem Werkzeug nach Treuchtlingen zu fahren und das
Kabel zu holen. Hans Meier lud die Angeklagten Karl Sörgel und Elmar Wickert,, die ihm gerade Metall ablieferten, sowie den Angeklagten Herbert Schulz
zum Mitfahren ein. Diese waren bei Beginn der Fahrt noch nicht in die Einzelheiten des geplanten Unternehmens unterrichtet, sie waren sich aber bewusst, dass es
sich um eine Diebesfahrt handelte. Die Angeklagten fuhren zunächst nach Nürnberg, wo sie in zwei Lokalen erheblich zechten. Als Hans Meier und Herbert
Schulz sich hier festsetzen wollten, drängten die Angeklagten Ralf Wagner und
Karl Sörgel darauf, entweder den Diebstahl auszuführen oder nach Hause zurückzufahren. Daraufhin wurde die Weiterfahrt nach Treuchtlingen fortgesetzt."*

Wer jetzt erwartet hätte, dass man, nach sich nach der Ankunft in Treuchtlingen sofort an die Kabelrolle machte, irrt. Auch dort stand erst einmal "aktive Wirtschaftsförderung" auf dem Programm. Die hohen Herren Landrichter beschreiben das weitere Geschehen in ihrem Juristendeutsch so:

"Dort warteten sie zunächst in der Bahnhofsgaststätte bis Mitternacht. Dann fuhren sie mit dem Dreirad zu dem Lagerplatz der Kabelrolle, deren Eigentümer sich nicht ermitteln ließ. Hans Meier lud eine lange und starke Schere, die er auf einer Bohle festanmontiert hatte, ab und fuhr mit seinem Wagen noch etwa 600 m weiter ... Lediglich der Angeklagte Karl Sörgel war von den anderen Angeklagten abseits aufgestellt, aufzupassen."

Die meisten Leser würden vermutlich reichlich nervös, wenn sie Schmiere stehen müssten, während sich ihre alkoholgeschwängerten Kollegen an das diebische Handwerk machten. Nicht jedoch Karl Sörgel, der das alles sehr gelassen nahm. Das Urteil fand für seine erstaunliche Seelenruhe in dieser, eigentlich risikoreichen Situation eine Erklärung, die in Anbetracht der geleisteten "Vorarbeiten" letztlich gar nicht so überraschend ist:

"Er hatte dies auch eine Zeit lang getan, war dann aber in Folge des vorherigen reichlichen Alkoholgenusses eingeschlafen. In dieser Lage wurde er von Hans Meier überrascht, als dieser vom Wagen zum Kabel ging und ihn an seine Pflicht erinnert..."

Die "Nürnberger Nachrichten" meinte in ihrer Ausgabe vom 26. November 1952, dass Karl Sörgel *"lieblich zu schnarchen (begonnen habe), dass er mit diesem Konzert unter Umständen die Polizei hätte herbeirufen können."*
Der Rest bezüglich dieser Tat ist schnell erzählt: Die Angeklagten rollten das Kabel von der Rolle und schnitten es in Stücke, die klein genug waren, damit sie diese auf das Dreirad verladen konnten. Dann teilte man sich in zwei Gruppen. Die eine fuhr mit dem Dreirad nachhause, während die andere die Eisenbahn nahm. Vermutlich hatte dies einen relativ einfachen Grund: Das Dreirad, dass nun auf der Rückfahrt das gestohlene Kabel transportieren musste, dürfte schlicht nicht in der Lage gewesen sein, auch noch das Gewicht aller Täter zu tragen.
Am Vormittag traf man sich dann in Röthenbach wieder. Es war nämlich noch ein bisschen Arbeit notwendig, um das Kabel "verkaufsfertig" zu machen. Um den Eindruck zu vermeiden, dass es sich um neues, mög-

licherweise gestohlenes Kabel handelte, brannte man es gemeinsam aus. Danach sah es älter aus und ging als gebrauchtes Kabel, das irgendwo verwaist gelegen hatte, durch. Noch am selben Tag verkaufte Hans Meier das Kabel an einen Großhändler in Nürnberg. Vom Erlös zahlte er jedem seiner Komplizen 87,00 DM aus.

Dieser Fall zeigt zwei Dinge anschaulich: Zum einen die spezifischen "Vorbereitungshandlungen", die vielen Diebstählen vorausgingen. Zum anderen die Raffinesse, mit der die Täter ans Werk gingen. Trotz aller Ablenkungen durch Alkohol und Frauen lieferte man eine saubere handwerkliche Leistung ab. Typische Röthenbacher halt!

6.7. Treuchtlingen, die zweite: Streit um die Rolle von Frau Meier junior

Trotz der reichlich kuriosen Tatvorbereitung war der Coup in Treuchtlingen erfolgreich verlaufen. Deshalb machten sich vierzehn Tage später nicht weniger als sechs Personen aus Röthenbach nochmals auf dem Weg dorthin. Nicht ganz aufklären ließ sich jedoch, wer genau bei dieser Fahrt dabei gewesen war. Nach Auffassung der Staatsanwaltschaft soll dieses Mal auch Frau Sonja Meier mit von der Partie gewesen sei. Die Verteidigung bestritt dies jedoch.

Der Streit um die Rolle der Frau Sonja Meier bei war übrigens ein roter Faden, der sich durch das ganze Verfahren zog. Nach Auffassung der Staatsanwaltschaft war sie die kaltblütige Komplizin ihres Ehemannes, die zwar in einigen Punkten seiner privaten Lebensführung deutlich anderer Meinung war als er, ansonsten aber, ohne viel Rücksicht auf die Grenzen zwischen Erlaubtem und Verbotenem zu nehmen, mit viel Elan zum wirtschaftlichen Erfolg des Metallhandels beitrug. Die Verteidigung dagegen stellte sie als bemitleidenswerte gehörnte Ehefrau dar, die dem Treiben ihres Gatten, auch soweit es das "Auffinden" von verwertbaren Metallen anging, eher kritisch gegenüberstand.

Bezüglich der erneuten Fahrt nach Treuchtlingen dürften viele der im Gerichtssaal anwesenden Röthenbacher bereit gewesen sein, dem Verteidiger zu glauben, dass sie bei dieser Fahrt überhaupt nicht dabei war. Die Mitangeklagten berichteten nämlich übereinstimmend, dass man vor der Fahrt nach Treuchtlingen erst noch in der (heute noch bestehenden) Gaststätte "Meistertrunk" in der Nürnberger Innenstadt eingekehrt sei.

Bereits das hätte die gestrenge Frau Sonja Meier vermutlich nicht ohne weiteres so geschehen lassen. Kaum vorstellbar ist es jedoch, dass sie auch bei folgenden Geschehnissen dabei war, ohne in einer Weise einzugreifen, die eine nachfolgende Diebestour nach Treuchtlingen unmöglich gemacht hätte: In besagter Nürnberger Gaststätte brachten Hans Meier und Herbert Schulz nämlich nach den Aussagen der anderen, die unbestritten dabei waren, *"die Zeit mit Mädchen im Arm zu"*. Weiter berichtete die ”Nürnberger Zeitung”, dass *"die beiden daran so viel Vergnügen gefunden hatten, dass sie schon nicht mehr fahren wollten und sich erst auf Drängen der anderen lösen konnten."*

Wenn man sich das lebensnah vorstellt, dann hat der Verteidiger der Frau Meier vermutlich in blumigen Worten geschildert, wie Hans Meier diese fremde Frau in den Armen hielt und welche körperlichen Vorzüge diese hatte, dann eine kurze Pause gemacht, in der abwechselnd die Mitglieder des Gerichtes einzeln musterte, und dann, mehr zum Publikum im Saal als zur provisorischen Richterbank, gesagt:

"Bei Würdigung dieser spezifischen Gesamtumstände dürfte die Annahme eines wesentlichen Tatbeitrags der Frau Meier dann doch eher jeglicher Lebenserfahrung widersprechen."

Was nichts anderes ist als die hochdeutsche juristischer Version des fränkischen Satzes:

"Manners wergli, dass der Herr Meier heid nu su unbeschädicht dausitzn tät, wenn die Fraa Meier, in dem Nürnbercher Wirtshaus derbeigween wär, wau der Meier mid denern andern Frauär rumgmacht hat?"

Eigentlich eine logische Begründung. Aber: Würde es das Gericht das genauso sehen?

Unbestritten war jedoch, dass die anderen Bandenmitglieder an dem bewussten Abend Hans Meier und Herbert Schulz schließlich davon überzeugten, dass es an der Zeit war, die Gaststätte in Nürnberg zu verlassen. Dennoch dauerte es noch einige Zeit, bis man den späteren Tatort erreichte. Vor dem Diebstahl musste man nämlich noch einmal einkehren. Anders als bei der ersten Fahrt wartete man damit jedoch nicht bis man in Treuchtlingen angekommen war, sondern ging schon unterwegs in Roth in ein Wirtshaus. Das fand man offensichtlich so angenehm, dass man in Treuchtlingen in der Bahnhofsgaststätte ein drittes Mal einkehrte. Deshalb konnte man sich erst gegen Mitternacht an der Kabelrolle zu schaffen machen. Was war offensichtlich kein leichteres Unterfangen war, da man das

Kabel vor dem Abtransport erst in Stücke von etwa einem Meter Länge zerlegen musste. Kein Wunder also, dass man erst am nächsten Morgen in Röthenbach ankam.

Diese zweite Fahrt nach Treuchtlingen, die vermutlich nie stattgefunden hätte, wenn es alleine nach Hans Meier und Herbert Schulz gegangen wäre, zeigt, dass diese sich in einigen Dingen sehr ähnlich gewesen sein mussten. Fraglich war jedoch, ob diese gemeinsame Vorliebe für Metall, Mädchen und Meistertrunk als Basis ausreichen würde, um auch eine Sache wie diesen Prozess einvernehmlich durchzustehen. Schließlich hatten sie sich schon vor ihrer Verhaftung zerstritten und waren getrennte Wege gegangen.

6.8.   Das Gericht fürchtet um die Jugend

Bei so vielen Details aus dem richtigen Leben kann man sich lebhaft vorstellen, wie interessiert die vierhundert Röthenbacher im Saal der Verhandlung folgten. Fraglich ist allerdings, ob dadurch tatsächlich der "*Zweck der Verhandlungsverlegung nach Röthenbach, nämlich in weitem Maße erzieherisch zu wirken*" (O-Ton Nürnberger Zeitung) erreicht wurde. Zumindest bezüglich einiger im Gerichtssaal Anwesender kamen dem Gericht selbst offensichtlich nun Zweifel. Dazu wiederum die ”Nürnberger Zeitung”:

> "*Beim Vortrag dieses Sachverhaltes blieben die aufmerksamen Augen des Landgerichtsdirektors Dr. Grüber plötzlich an einem jungen Mädchen hängen, das höchst interessiert der Verhandlung folgte. Bei der Frage nach dem Alter stellte sich heraus, dass die beanstandete Dame gerade sechzehn Lenze zählte.*"

Das Gericht fand es offensichtlich notwendig, die Röthenbacher Jugend vor allzu genauen Kenntnissen über das Treiben der Röthenbacher Erwachsenenwelt zu schützen. Dazu heißt es weiter:

> "*Auf die Aufforderung des Vorsitzenden, Personen unter achtzehn Jahren sollen den Sitzungssaal verlassen, schlossen sich noch weitere sieben Jugendliche dieser lernbegierigen Elevin an.*"

Soviel Respekt vor dem Gericht war dann doch. Ob heute, in einer ähnlichen Situation, noch alle Unterachtzehnjährigen nur auf eine einmalige Aufforderung hin freiwillig den Gerichtssaal verlassen würden? Nur am

Rande bemerkt sei, dass der Vorgang vermuten lässt, dass sich der Vorsitzende offensichtlich gar nicht so sicher war, ob seine Überlegungen zur Generalprävention, zumindest bei jugendlichen Zuschauern, wirklich zutreffend waren.

6.9.   Erster Tumult im Gerichtssaal

Als ob der Vorsitzende es geahnt hätte, bot dieser fünfte Verhandlungstag noch einiges an wenig vorbildhaftem Benehmen der Angeklagten. Diese zeigten sich zwar gesprächig, enthüllten aber dabei wenig Neues über ihre Taten. Vielmehr hatte die Presse den Eindruck, dass die Angeklagten nur jeweils so viel zugaben, wie sie ohnehin nicht abstreiten konnten. Und im Übrigen versuchten, möglichst viel zu verschleiern oder sich selbst zu entlasten.

Bei dieser Verhandlung zeichnete sich bereits deutlich der Bruch in der einst guten Beziehung zwischen Hans Meier und Herbert Schulz ab. Auch wenn man sich damals, als man noch mit Mädchen im Arm in Nürnberger Kneipen Pause bei den Zechfahrten mit anschließenden Diebstahl machte, sehr gut verstanden hatte, war nun das definitive Ende der Gemeinsamkeiten erreicht. Jetzt schob man sich nach dem Motto "Rette sich, wer kann" gegenseitig die Schuld in die Schuhe.

Hans Meier, den die Anklage als Hauptdrahtzieher und Anstifter sah, verteidigte sich gegen den Vorwurf, er hätte seine "Geschäftspartner" zum Mitmachen gezwungen. Nicht er habe Herbert Schulz aufgefordert, solche Diebestouren mit dem Dreirad zu unternehmen, behauptete er, sondern es wäre umgekehrt Herbert Schulz gewesen, der Meier gedrängt habe, zusammen mit den anderen auf Raubzug zu gehen und dafür sein Dreirad zur Verfügung zu stellen. Herbert Schulz, der wohl hoffte, vom Gericht als bloßer Mitläufer eingestuft zu werden und so mit einer milderen Strafe davon zu kommen, verteidigte sich mit einem Frontalangriff auf Hans Meier. Zuerst beschimpfte er diesen als *"Lügner"* und *"Schweinehund"*. Dabei redete er sich offensichtlich so in Rage, dass ihm lediglich verbale Verletzungen nicht mehr ausreichten und versuchte schließlich Herbert Schulz zu schlagen. Weit kam er allerdings nicht. Noch bevor die Polizei einschreiten konnte, wurde er von anderen Angeklagten zurückgehalten. Diese waren offensichtlich schlau genug, einzusehen, dass ein solches Verhalten sich negativ auf ihre eigene Position im Verfahren auswirken konnte.

Der Prozess hatte damit seinen ersten richtigen Tumult. Es sollte nicht der letzte bleiben. So etwas konnte sich das Gericht natürlich nicht bieten lassen Deshalb verwies es Herbert Schulz aus dem Saal. Als wieder Ruhe eingekehrt nahm der Staatsanwalt Hans Meier in die Mangel und versuchte in einem Frage- und Antwortspiel mehr darüber herauszubekommen, ob Frau Meier nun tatsächlich bei der Diebestour nach Treuchtlingen dabei war oder nicht. Offensichtlich machte Hans Meier hierbei nicht unbedingt eine gute Figur, war aber im Ergebnis wohl erfolgreich. Die Presse berichtet nämlich, dass der Vorsitzende Richter Dr. Grüber zwar das Gefühl geäußert habe, dass das Gericht "*hier nicht mit der Wahrheit bedient*" worden sei, kommt aber zu dem Ergebnis, dass es "*trotz aller Querfragen nicht* (gelang), *die Beteiligung von Frau Meier nachzuweisen*".

Auch das war sicher ein Punkt, bei dem die Zuhörer wohl gespannt darauf warteten, was das Gericht in seinem Urteil darüber befinden würde!

6.10.   Güntersthal, die erste: Kirchweih, Ehestreit und Kupfer

Auch der nächste Verhandlungstag, der 24. November 1952, sollte alles andere als langweilig werden. Gleich zum Auftakt kam es zum "Rückspiel" in Sachen Herbert Schulz gegen Hans Meier. Im Mittelpunkt stand der Diebstahl von acht Zentner Kupferdraht am 21. Juli 1950, der zu einem ganze Komplex ähnlicher Taten am selben Ort gehörte. In seinem Urteil meint das Gericht später hierzu einleitend:

> "*Der Angeklagte Herbert Schulz kannte den Betrieb der Eckartwerke in Güntersthal, Kreis Hersbruck. Er wusste, dass dort jeweils größere Mengen an Kupferabfällen lagen, die die Werke zur Herstellung von Bronze benötigten. Er unterrichtete davon den Angeklagten Hans Meier. Sie beide sowie der Angeklagte Karl Sörgel beschlossen, einmal mit dem Dreirad des Meier hinzufahren und Ausschau zu halten ... Insbesondere der Angeklagte Karl Sörgel war bereit, in der Diebestat teilzunehmen.*"

Als man dann nach Güntersthal aufbrach, ließ man Karl Sörgel jedoch zu Hause. Der Grund dafür lag in seinem schnöden Versagen beim ersten "Besuch" in Treuchtlingen, von dem schon berichtet wurde. Im Urteil heißt es dazu, dass Karl Sörgel "*nicht mitgenommen wurde, weil er bei der Fahrt nach Treuchtlingen beim Schmierestehen eingeschlafen war und daher als unzuverlässig erschien.*" In Güntersthal angekommen stellte man fest, dass in dieser Nacht in der Fabrik nicht gearbeitet wurde und daher der Ausführung des Planes nichts im Wege stand. Allerdings ging man wiederum nicht sofort ans Werk.

Der geneigte Leser wird sich anhand der Schilderung der bisherigen Taten denken können, welche "Vorbereitungshandlung" erst noch durchgeführt werden musste. Im Urteil heißt es dazu kurz und knapp:

"In Velden wurde die Kirchweih besucht und dort bis gegen Mitternacht gezecht und getanzt."

Später machte man sich dann auf den Weg um in das Werk einzusteigen. Allerdings weigerte sich Frau Meier, die dieses Mal nicht bestritt, mitgefahren zu sein, Schmiere zu stehen. Stattdessen blieb sie im Wagen sitzen. Die anderen zeigten sich davon unbeeindruckt und machten sich ans Werk. Nachdem man genug Draht über den Zaun gehoben hatte, ging Hans Meier zurück, um den Wagen zu holen. Aber da hatte er die Rechnung wohl ohne seine Frau gemacht. Dazu heißt es im Urteil:

"Er geriet hierbei wieder in Streit mit seiner Frau, die ihm den Wagen nicht geben wollte. Schließlich drängte er sie aber aus dem Wagen hinaus und fuhr zu dem Felsen, wo das gestohlene Kupfer gelagert war. Die vier anderen Genossen beluden den Wagen mit dem Kupfer. Inzwischen war Frau Sonja Meier ihrem Manne nachgelaufen und bis zu dem Aufladeplatz gekommen. Nun fuhren alle Beteiligten durch das Pegnitztal nach Röthenbach zurück."

6.11.   Kein Verkauf ohne die "Chefin"

Die weiteren Ausführungen des Gerichts zu dieser Tat enthüllen weitere interessante Details darüber, wie man beim Verkauf des Altmetalls vorging:

"Noch am selben Tag brachten die Angeklagten Hans und Sonja Meier das Diebesgut gemeinschaftlich mit den Dreirad zu dem Großhändler Feger in Nürnberg und veräußerten das Metall. Zur Verschleierung wurde dem Diebesgut auch noch anderes Altmetall zugeladen, das Frau Meier regulär in ihrem Gewerbebetrieb angekauft hat. So wurden nicht nur die gestohlenen 350 - 400 kg Kupferdraht, sondern insgesamt 590 kg Kupferdraht, 200 kg schweres Kupfer, 100 kg Messing, 463 kg Altblei,100 kg Aluminium und weiteres Altmetall in geringen Mengen zusammen für 1920,70 DM am 24.7.1959 abgeliefert."

Das gestohlene Altmetall wurde also nicht isoliert verkauft, sondern zusammen mit legal erworbenem gemischt. Das verringerte das Risiko unangenehmer Fragen erheblich. Direkt anschließend erfährt man, wie Frau Sonja Meier versuchte, zu verhindern, dass ihr Mann Bargeld in die Hände bekam, das er mit leichten Mädchen verjubeln hätte können:

"Sonja Meier hatte im Juni 1950 mit der Firma Feger die Abrede getroffen, dass an ihren Mann grundsätzlich kein Geld, im äußersten Fall nur geringe Beträge für kleine Mengen von Metall ausbezahlt werden dürften. In der Tat hat nach dem Abrechnungsbuch der Firma Feger von Juni 1950 Hans Meier bis auf drei Ausnahmen kein Geld mehr ausgezahlt erhalten ... Um ihrem Mann den Verkauf der Diebesbeute, insbesondere zu Großhandelspreisen zu ermöglichen, musste sie beim Abschluss des Geschäftes persönlich mitwirken."

In diesem Falle allerdings gab Frau Meier das vom Großhändler erhaltene Geld sofort an ihrem Mann weiter, der den Komplizen ihren Anteil ausbezahlte. Dieser betrug zwischen 70,00 und 100,00 DM. Bei dem damaligen Geldwert kein schlechter Betrag für einen Ausflug zur Veldener Kirchweih mit anschließenden Arbeitseinsatz.

6.12.   Güntersthal, die zweite: Der Aufstand der Frauen

Da es so gut gelaufen war, fuhr man nach dem Motto "*same procedure as last year*" im September 1950 nochmals zu den Eckartwerken. Wiederum nahm man Frauen mit - die eigenen wohlgemerkt. Und auch jetzt hob man in Velden angekommen erst einen (*" Wiederum hielten sie sich in Velden bis Mitternacht auf, wo die Männer Alkohol zu sich nahmen und zwar Josef Nürnberger in einem solchen Maße, das er erheblich angetrunken war"* heißt es dazu im Urteil). Und auch dieses Mal stritt man sich wieder mit dem Frauen (Dazu wiederum das Urteil: "*Die beiden Frauen weigerten sich, sich in irgendeiner Form an dem Diebstahl zu beteiligen. Sie blieben beide im Führerhaus des Wagens."*). Neu an dieser Tat war jedoch, dass man in der Hektik des Geschehens oder als Folge des vorangegangenen Alkoholkonsums am Tatort um ein Haar einen Mittäter zurückgelassen hätte. Das Gericht beschreibt dies mit folgenden Worten:

"Als sie ein kurzes Stück gefahren waren, merkten sie, dass sie Josef Nürnberger zurückgelassen hatten. Meier drehte um und fuhr zurück..."

Das führte dazu, dass Frau Meier, der es offensichtlich „zu heiß" geworden war oder sie „kalte Füße bekommen" hatte[23] nun endgültig genug von Ausflügen dieser Art hatte. Das Urteil stellt hierzu lapidar fest:

"Auf der Rückfahrt erklärte Sonja Meier ihrem Manne, dass sie mit der Sache nichts mehr zu tun haben wolle und mit dem Zug nach Hause fahren werde. Nach einigem Streiten war Hans Meier damit einverstanden."

Nachdem das Ehepaar Meier sich geeinigt hatte, fuhr man zu Josef Nürnberger zurück. Dieser hatte, offensichtlich unter Alkoholeinfluss, gar nicht gemerkt, dass seine Komplizen schon das Weite gesucht hatten und stellte fleißig weiter Kupfer zum Aufladen bereit. Den Komplizen war dies nicht unrecht. Unverrichteter Dinge machten sie sich - getreu dem fränkischen Motto "Lieber den Hals verrenkt, als dem Wirt was geschenkt" - daran, auch dieses Kupfer noch aufzuladen. Was nun wiederum Frau Katharina Schulz zu viel wurde:

"Katharina Schulz hatte das lange Warten satt bekommen. Um einen sofortigen Abbruch des Unternehmens zu erzwingen, lief sie mit ihrem Mann zu Hans Meier, dem sie vorspiegelte, dass sie auf der Straße von Lungsdorf her zwei Landpolizisten in etwa 150 m Entfernung habe kommen sehen. Alle Beteiligten ... glaubten ihr dies. Daraufhin fuhren Hans Meier und Walter Klemper sofort mit dem Wagen davon. Herbert Schulz und Katharina Schulz sowie Sonja Meier gingen zum Bahnhof und fuhren mit dem Zuge heim."

Danach schildert das Gericht das weitere Vorgehen, das dem Leser schon sehr bekannt vorkommen dürfte:

"Das Metall wurde abgewogen, wobei man feststellte, dass die Beute dieses Mal achtzehn Zentner betrug. Sie wurde von Meier zusammen mit regulär aufgekauftem Altmetall zur Firma Feger in Nürnberg geschafft. Wiederum war Frau Meier bei der endgültigen Abnahme und der Abrechnung zugegen und leistete die Unterschrift über den für die abgelieferte Menge erhaltenen Gesamtbetrag. Sie erhielten 2503,60 DM. Den dem Wert der Diebesbeute entsprechenden Teilbetrag von 1600,-- DM nahm Hans Meier bei der Aufzählung des Geldes zugleich an sich. Davon händigte Hans Meier je 300,-- DM an Herbert Schulz, Josef Nürnberger und Walter Klemper aus."

---

[23] Merkwürdige deutsche Sprache, in der gegenteilige Temperaturen dasselbe bedeuten können!

Im nächsten Satz war dann von einer Vorgehensweise die Rede, die Hans Meier den Ruf einbrachte, bei aller Dreistigkeit und krimineller Energie im Herzen doch die Mentalität eines Buchhalters zu besitzen:

"Einen überschießenden Betrag von 250,-- DM rechnete er für Fahrtkosten und den Schaden, der ihm bei dieser Fahrt durch den Verlust eines Reservereifens entstanden war, ab."

Meier zahlte seinen Komplizen also nicht einen prozentualen Anteil an den Bruttoeinnahmen des jeweiligen Beutezugs aus, sondern zog erst seine eigenen "Geschäftsunkosten", wie die Aufwendungen für den Kauf eines Reservereifens, aber auch das Benzin, ab. Ähnlich machte er es bei anderer Gelegenheit mit den Anteilen an den Zechen, die man unterwegs in Wirtshäusern gemacht hatte. Insoweit war Meier also ein ordentlicher Kaufmann.

6.13.   Günthertal, die dritte: Außer Spesen nichts gewesen?

"Alle guten Dinge sind drei" dachten sich Hans Meier und Herbert Schulz wohl. Kurz vor Weihnachten 1950 fuhren sie nämlich nochmals gen Güntersthal. Dieses Mal begleitet von Peter Schulz, Andreas Blank und Andreas Noak. Allerdings wurde jetzt, anders als erwartet, nachts in der Fabrik gearbeitet. Deshalb nahm man von den geplanten Diebstahl Abstand und fuhr, nach dem obligatorischen Wirtshausbesuch in Velden versteht sich, wieder zurück nach Röthenbach. Getreu dem Motto "Außer Spesen nichts gewesen" stritten die Beteiligten diesen Sachverhalt gar nicht ab, sondern verteidigten sich damit, dass sie sich durch diese Fahrten nicht strafbar gemacht hätten, weil sie ihren Tatplan ja aufgegeben hätten. Ob sich das Gericht dieser Auffassung anschließen würde?

6.14.   Verdeckte Ermittlungen der besonderen Art

Eine besonders einfallsreiche Erklärung für seine Mitfahrt nach Velden gab der Angeklagte Andreas Noak. Dieser war das erste Mal bei einem solchen Unternehmen dabei. Dazugekommen war er auf "Einladung" seines Nachbars, dem ebenfalls tatbeteiligten Andreas Blank. Dem Gericht erzählte Noak nun, dass er zwar mitgefahren sei, aber nicht um zu stehlen. Vielmehr habe er die Fahrt nutzen wollen um, sozusagen als "Undercoveragent in eigener Sache", verdeckt zu ermitteln. Er habe nämlich den Verdacht gehabt, dass der damalige Leiter der Schutzpolizei Röthenbach verschiedene Diebstähle in Röthenbach geduldet hätte, weil er mit den Tätern unter einer Decke steckte. Dies hätte er aufklären wollen, wobei er gehofft hätte, bei dieser Diebesfahrt dafür nützliche Informationen zu bekommen. Das Gericht beschreibt es mit folgendem trockenen Worten:

> *"Andreas Blank gibt an, schon von vornherein nicht beabsichtigt zu haben, bei der Durchführung des Diebstahls mitzuwirken. Es sei ihm lediglich darum gegangen, mit Meier und seinen Anhang Verbindung aufzunehmen. Er habe gehofft, dass es bei einem solchen Unternehmen zu einer größeren Trinkerei kommen würde und er dann Gelegenheit haben würde, insbesondere Meier über dessen Beziehungen zu dem Leiter der Schutzpolizei auszuhorchen, der ihm erhebliche Schwierigkeiten bereitet habe, aber die Straftaten Meiers geduldet hätte."*

Die "Nürnberger Nachrichten" berichten über das Verhalten von Andreas Noak im Prozess ausführlicher. Unter anderem erwähnt sie, dass dieser und seine Verteidigungsstrategie sogar den ansonsten so zurückhaltenden Landgerichtsdirektor Dr. Grüber dazu brachten, Andeutungen über seinen eigenen Alkoholkonsum zu machen. Das kam so: Andreas Noak hatte *"in diesem Prozess offenbar bereits die Berühmtheit eines guten Erzählers erlangt"*. Dies ging so weit, dass sich der Vorsitzende Richter dazu veranlasst sah, ihn vor einer weiteren Vernehmung zu ermahnen: *"Gelt, Herr Noak, das sage ich Ihnen, lassen Sie mir nicht wieder allzu sehr ihre Fantasie schießen."*

Der Angeklagte hielt sich jedoch nicht an diesen gut gemeinten Rat und wiederholte seinen Verdacht, dass der ehemalige Röthenbacher Polizeichef mit Einbrechern unter einer Decke gesteckt hätte. Das würde man daran erkennen, so führte er weiter aus, dass damals, als dieser noch im Amt war überall eingebrochen worden sei. Die Geschäftsleute hätten sogar nachts in ihren Läden geschlafen um sie zu bewachen. Als der betreffende Polizist dann in Ruhestand gegangen war, hätten die Diebstähle schlagartig aufgehört.

Den Staatsanwalt beeindruckte diese blumige Erzählung nicht. Er meinte nämlich nur kurz angebunden: *"Nachdem, was mir die Polizeibeamten gesagt haben, können sie auch heute nicht über Arbeitsmangel klagen."*

Andreas Noak. blieb jedoch bei seiner Version und behauptet nun sogar, dass er in diesem Prozess nur angeklagt worden sei, weil er versucht hatte, dieses polizeiliche Doppelspiel zu entlarven. Tatsächlich könne man ihm jedoch nichts vorwerfen. Schließlich sei er zum Einbrechen und Saufen nur mitgegangen, um diesen Polizisten durch eine unvorsichtige Formulierung des angetrunkenen Hans Meier zu überführen. Und um diese zu bekräftigen setzte der Angeklagte Noak. hinzu: *"Das wissen Sie selbst, Herr Vorsitzender, ein Besoffener sagt die Wahrheit."*

Worauf Dr. Grüber nur entgegnete: *"Ich war noch nicht so oft betrunken, um das sagen zu können."*

Diese Szene hätte, abgesehen vom Dialekt, wohl genauso gut aus dem königlich bayerischen Amtsgericht stammen können! Man kann sich die Reaktionen im Wirtshaussaal sicher lebhaft vorstellen. Das dürfte ähnlich geklungen haben wie die Publikumsreaktionen bei den Kasperl-Theatern, die noch während der Kindheit des Autors, eineinhalb Jahrzehnte später, an selber Stelle gastierten.

Andreas Noak gehörte übrigens zu denjenigen Angeklagten, über die sich die Presse am drastischsten äußerte. In einem der Zeitungsberichte wurde er sogar als *"eine der übelsten Nummern unter dieser seltsamen Sammlung auf der Anklagebank"* bezeichnet. Weiter heißt es dann:

> *"Er ist einer der schmutzigsten Figuren, welche das Leid ihrer Mitmenschen ausnutzen, um Geld zu machen. Seine Vorstrafen geben seinen Charakter wieder. Da ist vom "totsicheren" Tottosystem bis zum Betrug an armen Frauen, deren Männer sich in Gefangenschaft befanden, alles enthalten. Er versucht auch vor Gericht, als seriöser Biedermann zu glänzen, und will sich nur beteiligt haben, um einen früheren Polizeichef von Röthenbach zu Fall zu bringen. Als ihm das Gericht seine schönen Märchen nicht glauben will, begibt er sich kopfschüttelnd auf seinen Platz zurück."*

6.15. Das "Rückspiel" in Sachen Hans Meier gegen Herbert Schulz

Weniger spaßig verlief die Vernehmung des Herbert Schulz zu den Taten in Güntersthal. Als er dabei Hans Meier belastete, reagierte dieser nämlich nicht viel anders als Herbert Schulz am Tag vorher als – umgekehrt - Hans Meier ihn selbst belastet hatte. Auch Hans Meier antwortete auf die Beschuldigungen durch seinen Mitangeklagten mit Schimpfwörtern und wollte dann auf ihn einschlagen. Es kam, wie es kommen musste: Dieses Mal wurde Hans Meier während der Vernehmung des Herbert Schulz aus dem Gerichtssaal verbannt. Der Reporter der "Nürnberger Zeitung" nahm diese offensichtlichen Zerwürfnisse zwischen den

Angeklagten bereits in diesem frühen Stadium des Prozesses zum Anlass sich Gedanken über die Wirkung des Prozesses auf die Angeklagten zu machen:

"Die Beteiligten sind scheinbar schon so mürbe, dass sie sich nicht mehr überlegen, dass die ganze Aufregung unnötig ist, da fast alle in dieses Verfahren Verstrickten bereits in der Voruntersuchung ein Geständnis abgelegt und den Hergang genau geschildert haben. Außerdem wurde die Anklage so gut vorbereitet, dass am Kern der Sache nicht mehr zu rütteln ist. Wenn die Angeklagten sich allerdings jetzt einbilden, ein Verräter wäre unter ihnen, und deshalb keiner mehr dem anderen traut, dann unterschätzen sie die die geschickte Arbeit unserer Kripo gewaltig."

Der Journalist schien sich also relativ sicher zu sein, wie der Prozess ausgehen würde.

6.16.   Kollektiver Gedächtnisschwund

Nach Ansicht der genannten Zeitung waren also alle Angeklagten schon jetzt von dem Prozessverlauf zermürbt. In dem besagten Bericht werden aber noch weitere Gemeinsamkeiten im Verhalten der Angeklagten erwähnt:

"Komisch ist nur, dass fast alle in den letzten Monaten von der gleichen Krankheit befallen sind: denn kaum stellt das Gericht etwas unangenehme Fragen, leiden sie plötzlich ein Gedächtnisschwäche und wissen nichts mehr ... Plötzlich ist, jedenfalls um die eigene Haut zu schonen, immer ein anderer der Anstifter gewesen."

Dieses gegenseitige Beschuldigen der Angeklagten machte die Sache nicht nur für das Gericht schwierig. Wie anders wäre es zu erklären, dass einer der Angeklagten stöhnte: *"Man hört so viel verschiedene Aussagen, dass man selber nicht mehr weiß, was wahr ist!"*
Offensichtlich ging dieses Taktieren auch einzelnen Mitangeklagten gegen die Ganovenehre. Einer von ihnen meinte nämlich, wohl angewidert von dem ständigen Versteckspiel und den gegenseitigen Beschuldigungen, resigniert: *"Früher hätte das einer auf sich genommen."* Ein anderer Angeklagter verhielt sich später im Verfahren allerdings geständnisfreudiger, als er auf entsprechende Beschuldigungen lapidar antwortete: *"Wenn die anderen sagen, dass ich aufgebrochen habe, wird es wohl schon so gewesen sein."* Wobei die "Nürnberger Nachrichten", wohl nicht zu Unrecht, als Hauptgrund für dieses

Geständnis den Umstand ansah, dass diesem Angeklagten Leugnen ohnehin nicht geholfen hätte, da es schon ausreichend durch die Aussagen der anderen Angeklagten überführt war.

6.17. Der rote Faden zwischen den Taten: Alkohol

Dass es nicht immer leicht war, herauszubekommen, wer jeweils zur Tat angestiftet hatte, und wer vielleicht wirklich eher zufällig in die jeweilige Sache hineingerutscht war, dürfte nicht nur an dem eben beschriebenen Verhalten der Angeklagten im Prozess gelegen haben. Eine Rolle dürften auch der häufig gleiche "Auftakt" zu den Diebesfahrten gespielt haben, der die spätere Erinnerung wenig förderte. Wie beschrieben begannen diese nämlich meist mit einer, so die ”Nürnberger Zeitung” wörtlich, "*Sauftour*". Manchmal schienen einige der Beteiligten noch nicht gewusst zu haben, womit der Abend enden würde, während andere schon vorher wussten – oder zumindest ahnten -, dass man das Geld, das man am Beginn des Abends versoff vor dem Ende der Nacht wieder verdienen müssen würde. In einigen Fällen jedoch scheint die Entscheidung, nach ausgiebigem Zechen noch "ein Ding zu drehen" tatsächlich bei allen Beteiligten eher spontan gefallen zu sein.

Der Alkoholkonsum vor den Taten war tatsächlich beträchtlich. Der Journalist der ”Nürnberger Zeitung” fragt sich deshalb, wie es kommen konnte, dass die Bande nicht schon früher erwischt wurde. Als Beispiel führt er an, dass der Angeklagte Walter Klemper bei einem Einbruch so betrunken war, dass er *"nur noch lallen konnte und nachher auf den Wagen gehoben werden musste"*. Den Reporter veranlasste dies zu tiefgründigen Überlegungen fast philosophischer Natur. Nach der Beschreibung dieses Vorfalls führte er nämlich aus:

"Es scheinen sich eben auch manchmal die Schutzengel zu irren."

Die alkoholbedingten Ausfallerscheinungen des Walter Klemper waren beileibe kein Einzelfall. Die ”Nürnberger Nachrichten” fasste in ihrer Ausgabe vom 26. November 1952 gleich mehrere solcher Fälle zusammen. Danach soll einmal ein Mittäter "*so besoffen* (gewesen sein), *dass er beim Einbrechen von seinen Komplizen einfach über den Zaun geworfen werden musste, weil er selbst kaum mehr auf den Beinen stehen, geschweige denn eine Klettertour unternehmen konnte.*" Damit noch nicht genug: Bei einem der Einbrüche in Günthertstal soll einer der Täter so betrunken gewesen sein, dass er sich die Finger so unglücklich in einer Tür einklemmte, dass er sich nicht mehr selbst aus dieser misslichen Situation befreien konnte, sondern nur mit Hilfe seiner Komplizen entkommen konnte.

6.18.   Trinkfeste und leichtlebige ''Damen''

Aber nicht nur die männlichen Angeklagten tranken ganz gerne einen über den Durst. Von den bierseligen Abenden des Manfred Schulz mit seiner Geliebten Elfriede Schneider und deren Mutter war er schon die Rede. Fast humoristisch zu nennen ist folgender Dialog, der sich zwischen dem Gerichtsvorsitzenden und der Schneider über deren Alkoholkonsum bei diesen Gelegenheiten entspann:

"*Wie viel Glas Bier trinken Sie denn?* "fragte der Vorsitzende.

Die Angeklagte antwortet: "*Das kommt darauf an!*"

"*Könnten Sie das etwas präziser ausdrücken?*"

Darauf die Angeklagte: "*Drei Glas!*"

Offensichtlich untertrieb die Angeklagte mit den Zahlenangaben über ihre Trinkmengen ebenso wie Angehörige des weiblichen Geschlechts dies gerne bei der Angabe ihres Alters tun. Ihrem mitangeklagten ehemaligen Geliebten jedenfalls kam die genannte Zahl als wesentlich zu niedrig vor. Deshalb rief er dazwischen: "*Sag lieber acht Glas!*".

Seine Ex brachte dies jedoch offensichtlich nicht in Verlegenheit. Dem Pressebericht zufolge "*flötete*" sie nämlich "*lieblich zurück*": "*Dich hat überhaupt noch niemand nüchtern gesehen!*" Die mehreren hundert Zuschauer im Böhm-Saal werden diese Szene genossen haben. Gleiches dürfte für die Antwort des so Beschimpften gelten. Dieser konterte nämlich: "*Wegen dir habe ich ja bloß zum Stehlen gehen müssen! Herr Richter, meine eigene Frau habe ich um fünf Mark angepumpt und hab`s dem Frauenzimmer hingetragen.*"

Aber auch nach den Diebstählen wurde noch erheblich gezecht. Manchmal gönnte man sich jedoch nach erfolgreicher Diebesfahrt lieber erotische, statt alkoholische Vergnügen. Davon wird noch weiter unten im Abschnitt über den Diebstahl mit anschließenden ''Verkehrsproblemen'' noch die Rede sein.

6.19.   Neuer Streit um die Rolle von Sonja Meier

Am fünften Verhandlungstag, dem Montag, dem 24. November 1952, versuchten Staatsanwaltschaft und Gericht am Beispiel der zweiten Fahrt nach Günthersthal die Rolle von Frau Meier aufzuhellen. Hier stand immerhin, anders als bei der einen Fahrt nach Treuchtlingen, fest, dass Frau Meier tatsächlich mitgefahren war. Unklar war allerdings, warum sie dies getan hatte. Insbesondere war nicht sicher, ob sie wusste, dass bei diesem

Ausflug auch gestohlen werden sollte, und ob sie an dem Diebstahl selbst mitgewirkt hatte.

Frau Meier gestand zwar ein, dass sie an der Fahrt teilgenommen hatte. Gleichzeitig erklärte sie aber, sie hätte gedacht, es handle sich um eine Vergnügungsfahrt. Deshalb habe sie befürchtet, dass ihr Mann diese Gelegenheit wiederum nutzen würde, um bei anderen Frauen anzubandeln. Deshalb sei sie mitgefahren, um ihren Mann *"vor anderen Frauen (zu) bewahren."* Das sei jedoch das gute Recht einer jeden Ehefrau und keineswegs etwa Strafbares. Weiter erklärte sie, dass sie am Einbruch in das dortige Fabrikgelände nicht mitgewirkt habe. Ihr Mann habe sie zwar aufgefordert, zusammen mit ihm in Tatortnähe ein nächtliches Liebespaar vorzutäuschen, um so unbemerkt "Schmiere stehen" zu können. Dies habe sie jedoch abgelehnt und stattdessen im Dreirad, das etwa achthundert Meter von der Einbruchstelle geparkt war, geschlafen.

Ihr Mann und seine Kumpane haben deshalb den Einbruch ohne sie ausgeführt. Über ihre Weigerung, zu helfen, sei er so verärgert gewesen, dass er sie "nach getaner Arbeit" aus dem Wagen gezerrt und mit den Worten *"Geh` her, dann schmeiß ich dich in die Pegnitz"* die Böschung hinabgestoßen habe. ”Wahre Liebe unter Ehegatten sieht sicher anders aus”, möchte man da rufen. (Während Juristen vermutlich noch hinzusetzen würden: ”Die gemeinsame Begehung eines Diebstahls aber auch.”)

Die Beteiligung am Einbruch mochte Frau Meier noch abstreiten können. Anders sah das allerdings bezüglich ihrer Beteiligung bei der Verwertung des Diebesgutes aus. In der Hoffnung, vom Grundsatz "Im Zweifel für den Angeklagten" profitieren zu können, stellt sich Frau Meier auch diesbezüglich unwissend. Dabei hat es jedoch die Rechnung ohne den Wirt, oder besser: ohne den Staatsanwalt, gemacht. Dieser hielt ihr nämlich Belege über den Verkauf des in Güntersthal gestohlenen Metalls vor, die von ihr selbst unterschrieben waren.

In dieser Situation wurde sogar der ansonsten so gütige Landgerichtsdirektor Grüber unwirsch. Verärgert fuhr er die Angeklagten an, sie solle sich *„doch nicht so unschuldig stellen“*. Heutzutage würde ein Richter wegen einer solchen Äußerung vermutlich einen Befangenheitsantrag des Verteidigers kassieren. Damals sah man das offensichtlich gelassener. Die Akte verzeichnet nämlich nichts diesbezügliches. Nicht aufklären konnte man dagegen, ob Frau Meier tatsächlich auch etwas aus dem Erlös des Diebstahls bekommen hatte oder nicht.

6.20. Die Komplizen wurden betrogen

Am Beispiel des Einbruchs in Güntersthal wurden auch noch einige andere gemeinsame Merkmale der verschiedenen Taten deutlich. Hierbei gab es auch einige unangenehme Überraschungen für die Mittäter. Bei der Verhandlung kam man nämlich auch auf den Gewinn aus diesem Diebstahl und den Anteil des Ehepaars Meier zu sprechen. Dabei stellte sich heraus, dass das dieses durch den Diebstahl in Güntersthal in nur einer Nacht den für die damalige Zeit respektablen Betrag von 600,00 DM verdient hatte. Die Komplizen, die den Betrag, der beim Verkauf erzielt wurde, nicht kannten, wurden dagegen mit jeweils nur 80,00 DM abgefunden. Dies veranlasste den Staatsanwalt zu der Bemerkung, dass Hans Meier seine Komplizen über das Ohr gehauen hätte. Man darf annehmen, dass der Staatsanwalt in diesem Falle auch ausnahmsweise die Zustimmung der meisten Mitangeklagten erntete.

Meier versuchte den unangenehmen Fragen des Staatsanwalts nach seinem persönlichen Gewinn aus den Taten zuerst dadurch aus dem Weg zu gehen, dass er vorgab, die Fragen nicht zu verstehen. Eine Taktik, von der er während des Prozesses mehrfach Gebrauch machte. Als er schließlich merkte, dass es sich wohl nicht mehr länger verheimlichen ließ, dass seine eigene "Gewinnbeteiligung" wesentlich höher war als die seiner Mittäter, verteidigte er sich schließlich mit dem entnervten Hinweis darauf, dass man "*schließlich nicht jeden Tag gestohlen*" habe. Diese Äußerung stellte der Berichterstatter der "Nürnberger Nachrichten" in einem Bericht vom 28. November 1952 in Zusammenhang mit einer weiteren Diebesfahrt. Deren Ziel hatte Hans Meier ausgekundschaftet, als er aus Waldmünchen von einer anderen Gerichtsverhandlung, bei der wegen Betrugs angeklagt war, zurückfuhr. Wörtlich meinte der Journalist:

"Wenn man aber hört, dass er sogar die Fahrt zu einer Verhandlung wegen Betrugs in Waldmünchen dazu benutzte, um etwas zum Organisieren zu finden, dann weiß der Dümmste, dass die Tage, an denen nicht geklaut wurde, nur auf mangelnde Gelegenheiten zurückzuführen sind."

Wie dem auch sei: Was die Gelegenheiten anging, konnte man das Gefühl bekommen, dass diese den Metalldieben langsam ausgingen, da sie bestimmte Tatorte mehrmals "beehrten".

6.21.   Streit um Pressefotos

Je länger das Verfahren dauerte, desto mehr kam es zu Konflikten unter den Angeklagten. Einer der Gründe für das ansteigende Konfliktpotenzial lag darin, dass sich die Verhandlung zunehmend auf die "großen Straftaten" konzentrierte, bei denen das Altmetall nicht kiloweise, sondern buchstäblich zentnerweise "den Besitzer wechselte". Bereits das führt zu einer gewissen merklichen Anspannung bei den Angeklagten, die sich ab und zu im Gerichtssaal entlud. Auch deshalb, weil die Angeklagten in solchen Fällen versuchen, sich die Schuld genauso hin und her zuschieben, wie das Tischtennisspieler mit ihren Bällen zu tun pflegen.

Bei der Verhandlung am Dienstag, dem 25. November 1952 lag der Grund für einen Konflikt, der gleich bei Verhandlungsbeginn beinahe in Tätlichkeiten ausgeartet wäre, jedoch nicht in den internen Beziehungen zwischen den Angeklagten, sondern bei den allzu neugierigen Medien, die über das Verfahren nicht nur in Wort, sondern auch im Bild berichten wollten. Man kann sich die Spannung im Gerichtssaal vorstellen: Da werden die Angeklagten wenige Fußminuten von ihrer eigenen Wohnung der Neugier und Sensationslust ihrer Nachbarn und Mitbürger ausgesetzt. Und nun sollen sie auch noch während der Gerichtsverhandlung fotografiert werden! Wer würde dagegen nicht protestieren? Und das durchaus zu recht. Schließlich ist einer der wichtigsten Grundsätze des deutschen Strafprozessrechtes[24] in dieser Angelegenheit durchaus auf Seiten der Angeklagten.

Die Gerichtsverhandlung ist zwar öffentlich, sie ist aber keine öffentliche Show. Und weil sie das nicht ist, dürfen im Gerichtssaal, zumindest während laufender Gerichtsverhandlung, keine Fotos und auch keine Filmaufzeichnungen gemacht werden. Schließlich sollen die Angeklagten nicht zum Objekt der Massen gemacht werden. Auch will man verhindern, dass Zeugen, Anwälte, aber auch die Richter, in dem Bewusstsein, fotografiert oder sogar gefilmt zu werden, sich wie Schauspieler benehmen und mehr an ihre Außenwirkung denken als an die Wahrheitsfindung. Deshalb sollte man eigentlich meinen, dass der, ansonsten von allen Beobachtern hochgelobte Gerichtsvorsitzende Dr. Grüber die Versuche

---

[24] Die Amerikaner, deren Strafprozess man meist im Fernsehen als vermeintlichen Regelfall des Strafprozesses auch in Deutschland ansieht, haben dazu eine andere Meinung.

von Pressefotografen, aus der Verhandlungen Fotos zu bekommen, energisch unterbunden hätte. Glaubt man der "Nürnberger Zeitung", dann hat er jedoch gerade das nicht getan. Diese schreibt nämlich:

> *"Gleich zu Beginn der Dienstagsverhandlung gab es Krach. Die Angeklagten protestierten gegen die Anwesenheit eines Pressefotografen und machten Miene, gegen ihn tätlich vorzugehen, so dass sie der Vorsitzende scharf verwarnte."*

Eigentlich hätte man erwarten können, dass der Gerichtsvorsitzende vor allem den Pressefotografen zur Mäßigung ermahnen würde. Nach allem, was man heute darüber noch erfahren kann, war dem jedoch gerade nicht so. Zumindest eines der Bilder, das später in einem Bericht einer Nürnberger Zeitung erschienen ist, wurde nämlich offensichtlich in Verletzung der Bestimmungen der deutschen Strafprozessordnung über die (begrenzte) Öffentlichkeit von Strafverfahren aufgenommen. Auf diesem Bild sieht man nämlich eine der Mitangeklagten bei ihrer Aussage vor dem provisorischen Richtertisch stehen, an dem die Richter sitzen. Da aber kaum anzunehmen ist, dass Richter und Angeklagte außerhalb der Verhandlung für die Presse posiert haben, kann es eigentlich nur so sein, dass dieses tatsächlich Bild während der laufenden Verhandlungen aufgenommen worden. So etwas ist aber - aus gutem Grund - in Deutschland verboten![25]

Für die Medien und die Zuschauer gab es jedenfalls ausreichend Stoff zum Berichten beziehungsweise für die abendliche Erzählung am Stammtisch. Schließlich haben die Angeklagten, so heißt es in einem Zeitungsbericht, *"ihr diebisches Gewerbe nicht nur mit Fantasie, sondern auch mit einer gehörigen Portion Frechheit"* ausgeübt. Ein Beispiel für die Fantasie der Täter war der (allerdings nie ausgeführte) Plan, auf eine der Diebestouren ein Gummiboot mitzunehmen, um so von der Pegnitz her unbemerkt auf das Werksgelände in Güntersthal zu kommen.

---

[25] Die Ursachen für dieses Bild lassen sich heute nicht mehr aufklären. Möglich erscheint, dass sich der Gerichtsvorsitzende Dr. Grüber von der Atmosphäre im Röthenbacher Wirtshaussaal und dem Medienrummel um den Prozess hatte mitreißen lassen und es, auch wegen der generalpräventiven Wirkung, eine gute Idee fand, wenn auch der Zeitungsleser Einblick in den Gerichtssaal bekommen würde.

6.22.　Geständnisse und unterschiedliche Verteidigungstaktiken

Am Mittwoch, dem 26. November 1952, fand der siebte Verhandlungstag statt. Bis dahin hatten die Angeklagten sich im Wesentlichen darauf beschränkt, alle Vorwürfe abzustreiten. An diesem Tag, an dem verschiedene Beutezüge in Nürnberg verhandelt wurden, schien sich das jedoch zu ändern. Die "Nürnberger Nachrichten" vermuteten in ihrem Bericht vom 28. November 1952 eine "unsichtbare Regie", die zur "*plötzlich einsetzender Geständnisfreudigkei*t" und "*einmal völlig übereinstimmenden Aussagen*" führten. Weiter heißt es: "*Alles atmete bereits auf, da mit Recht angenommen werden konnte, die verschiedenen Gruppen haben sich geeinigt und eingesehen, dass sie bei der bis jetzt gezeigten Methode nicht weiterkommen.*"

Einzig Frau Meier stritt weiterhin die Beteiligung an den ihr vorgeworfenen Taten ab. Der Staatsanwalt nahm dies als ein Zeichen dafür, dass sie auch andere Schritte unternehmen würde, um ihre Tatbeteiligung zu vertuschen. Deshalb stellte er Antrag auf erneute Anordnung der Untersuchungshaft wegen Verdunklungsgefahr. (Frau Meier war ja am ersten Prozesstag aus der Untersuchungshaft entlassen worden, damit sie sich um ihr krankes Kind kümmern konnte.)

Das Gericht lehnte diesen Antrag jedoch ab. Wohl zu Recht! Untersuchungshaft wegen Verdunklungsgefahr kann nämlich nur dann angeordnet werden, der dringende Verdacht besteht, dass eine in Freiheit befindliche Person Beweismittel vernichtet, ändert oder Zeugen und Schuldige beeinflussen könnte. Nach der Rechtsprechung darf aber Verdunklungsgefahr weder alleine deswegen, weil jemand sich weigert, etwas auszusagen oder weil er die Tat bestreitet, angenommen werden. Schließlich ist es das gute Recht eines jeden Angeklagten, zu schweigen oder die Tatbeteiligung zu bestreiten, weil in einem Rechtsstaat niemand gezwungen werden kann, sich selbst zu belasten. Deshalb darf in diesen Fällen keine Untersuchungshaft angeordnet werden, da Untersuchungshaft keine Beugehaft zur Erlangung einer Aussage sein darf.[26]

Die Angeklagten stritten sich nun auch immer öfter in aller Öffentlichkeit. Dabei fielen, zum Gericht gewandt, Aussprüche wie: "*Herr Vorsitzender, mit dem können sie nichts anfangen. Wenn man von einem Kind spricht, redet er von einer Kuh*". Untereinander warfen sich die Angeklagten Nettigkeiten an den Kopf wie: "*Damit dass Du nur auf mich die Schuld schiebst, wirst du nicht*

---

[26] Allerdings wird dies in der Praxis nicht immer beachtet. Unter Strafverteidigern hat sich für diese Fälle die Formulierung eingebürgert, dass jemand "auf Geständnis sitzt".

weit kommen. Du warst doch der treibende Keil". Diesen Satz kommentierte die "Nürnberger Zeitung" am 28. November 1952 übrigens mit einem knappen: "*So ganz dürfte das aber nicht stimmen".*

Auch attackierte Manfred Schulz. immer offener Hans Meier. Unter anderem rief er ihm während einer Aussage zu: "*Weißt, man muss sich blöd stellen, dann kommt man besser weg.* Diesen Satz wollten die "Nürnberger Nachrichten" nicht unkommentiert stehen lassen. Trocken bemerkten sie: "*Ob das stimmt, wird sich nach der Urteilsverkündung herausgestellt haben."*

Wie man sieht berichtete die Presse über den Prozess teilweise mit süffisantem, manchmal sogar mit einem boshaften Unterton. Dies nicht nur in Bezug auf die Hauptangeklagten. Auch gegenüber den zahlreichen Mittätern, den "Gelegenheitsmitarbeitern", war die Presse sehr kritisch. Als man berichtet, dass die Verteidiger dieser Personen jeweils Notlagen herausstellten, die angeblich den Grund für die Taten gebildet hätten, versäumt man nicht, die Leser darauf hinzuweisen, dass es schon merkwürdig sei, dass fast ausnahmslos alle Angeklagten schon wegen Diebstahl vorbestraft waren. Besonders schlecht weg kam Peter Schulz, der als "*schwächster Punkt in der Mannschaft"* tituliert wurde. Nachdem er anfangs versucht hatte, kritischen Fragen dadurch aus dem Weg zu gehen, dass er sich begriffsstutzig gab, gab er sich seit diesem Tag auch vor, hörbehindert zu sein. "*Seit heute ist er sogar schwerhörig"* schreibt der Journalist der "Nürnberger Nachrichten". Jedoch war Peter Schulz offensichtlich nicht geschickt genug, um diese Rolle überzeugend zu geben. Der Gerichtsvorsitzende hielt ihn für wenig glaubhaft und ließ dies den Angeklagten auch spüren. Unter anderem durch die Feststellung: "*Es ist nur gut, dass sie schwerhörig sind. Das ist sehr bequem. Man kann sich dann einrichten, wie man es braucht."* Auch der Staatsanwalt glaubte dem Peter Schulz seine Schwerhörigkeit nicht. Schließlich hatte er Hinweise darauf, dass Schulz in der Haft noch so gut gehört hatte, dass er während des Gottesdienstes mit seinen Komplizen Informationen austauschen konnte. Deshalb herrschte er ihn an:

"*Schwerhörig wollen sie sein? Aber das Genuschel Ihrer Kameraden in der Gefängniskirche haben sie verstanden."*

Peter Schulz knickte schließlich ein und gab zu, dass man in der Untersuchungshaft die Aussagen abgesprochen hatte. Daraufhin musste auch ein weiterer Angeklagter zugeben, dass man in der Untersuchungshaft "*die Kirche nicht immer nur zur religiösen Einkehr benutzt"* habe.

6.23. Die Firma Diehl reagiert

Der Mittwoch, der 26. November 1952, war nicht nur der siebte Verhandlungstag mit erstaunlich geständnisfreudigen Angeklagten, sondern an diesem Tag reagierte auch die Firma Diehl auf die bisherige Presseberichterstattung über den Prozess. Die "Nürnberger Zeitung" hatte nämlich in einem ihrer Berichte davon gesprochen, dass es "*nach der offiziellen Freigabe des Lagers zum Schrottsuchen auf dem Diehl-Gelände* (mit dem Gogern) *noch schlimmer geworden*" sei. Diese Zeile rief die Geschäftsführung der Metall-, Guss- und Presswerk Heinrich Diehl GmbH auf den Plan. Mit Schreiben vom 26. November 1952 wandte sie sich an die Staatsanwaltschaft beim Landgericht Nürnberg-Fürth, die damals übrigens in der Sulzbacher Straße 11 saß, und stellte richtig:

> "*Zur Zeit findet in Röthenbach ein umfangreicher Strafprozess vor der IV. Strafkammer gegen 27 Angeklagte wegen Metalldiebstählen statt. Wir haben von diesem Strafverfahren aus der Presse Kenntnis bekommen und möchten einen dort falsch dargestellten Punkte richtig stellen.*
> *Aus dem Bericht der Nürnberger Zeitung vom 22.11.1952, Nr. 184, Seite 10 ist zu entnehmen, dass man der Auffassung ist, unser Fabrikgelände in Röthenbach sei von uns oder von amerikanischen Dienststellen offiziell zur Schrottsuche freigegeben worden. Demgegenüber teilen wir mit, dass wir selbst niemals inoffiziell oder offiziell das Schrottsuchen auf unserem Gelände gestattet haben. Die Military Post-, Real Estate-, Fürth hat bestätigt und kann auch Ihnen bestätigen, dass auch von Seiten der amerikanischen Behörden eine Freigabe niemals erfolgt ist, und dass das Eindringen Unbefugter in das Gelände verfolgt worden ist.*
> *Hochachtungsvoll*"

Das Unternehmen war offensichtlich um seinen Ruf bedacht. Möglicherweise befürchtete man aber auch Nachahmungstäter, die im Falle ihrer Ergreifung behaupten würden, man hätte ja der Zeitung entnehmen können, dass die "Abholung" von Metall vom Diehl-Gelände offiziell gestattet sei.

6.24. Tag acht: Alles beim Alten!

Wer aufgrund der Geständnisfreude, die die meisten Angeklagten am Mittwoch an den Tag gelegt hatten, schon mit einer kurzen Prozessdauer gerechnet hatte, sah sich bereits am darauf folgenden Verhandlungstag, am Donnerstag, dem 27. November 1952, enttäuscht. "*Der Staatsanwalt freute sich jedoch zu früh*" schrieben beispielsweise die "Nürnberger Nachrichten". An diesem achten Verhandlungstag kehrten die Angeklagten nämlich zu der alten Taktik, nichts mehr zu wissen oder weit auseinander gehende Darstellungen zu geben, zurück. Lediglich ein junger Mitangeklagter, einer der ganz wenigen, die noch keine Vorstrafe zu verzeichnen hatte, machte eine Ausnahme. Er, der nur einmal einige Meter Kabel gestohlen und den dadurch entstandenen Schaden bei der Post bereits durch Bezahlung wieder gut gemacht hatte, legte ein umfassendes Geständnis ab. Die genannte Zeitung bezeichnete ihn dafür als "*weißen Raben*". Ob das Gericht in seinem Urteil auch so positive Worte über ihn finden würde?

6.25. Auch Meier macht ab und an schlechte Geschäfte

Außerdem zeigte die Verhandlung am 27. November, dass Hans Meier, der ansonsten ja sehr genau rechnen konnte, und auch nicht davor zurückschreckte, seine Komplizen zu übervorteilen, bei manchen Diebstählen allenfalls eine "schwarze Null schrieb". Dies zeigte sich am Beispiel einer Geschäftsfahrt nach Niederbayern im Dezember 1950, auf der Hans Meier legal Eisen einkaufte. Dabei entdeckte der mitgefahrene Herbert Schulz bei Viechtach im Scheinwerferlicht Kabel neben der Straße. Es handelte sich um gerade einmal zwanzig Meter, also eine Kleinigkeit für die Röthenbacher Metalldiebe. Kein Wunder dass das Kabel die längste Zeit neben der Straße gelegen hatte. Von dem Ertrag von 48,00 DM gab Hans Meier den beiden Brüdern Herbert Schulz und Peter Schulz 40,00 DM. Für Meier selbst, der ja auch noch die Fahrtkosten zu tragen hatte, bleiben also gerade einmal 8,00 DM übrig.

Dieses schlechte Geschäft veranlasste den Gerichtsvorsitzenden zu der Bemerkung: "*Aber reich sind sie dabei nicht geworden.*"

Worauf Hans Meier, fast entschuldigend, entgegnete: "*Ich habe auch nicht gestohlen, um reich zu werden - aber alle wollten Geld.*"

Ein Satz, der aus dem Mund von Hans Meier erstaunt. Oder aber einer, der darauf hinweisen könnte, dass Hans Meier doch nicht der große "Boss" war, den die Anklage in ihm sehen wollte?

Zur Sprache kam an diesem Tag auch eine weitere Fahrt, bei der es zu keinem Diebstahl gekommen war. Aus dem einfachen Grund, weil man nichts vorfand, was es wert gewesen wäre, gestohlen zu werden. Hans Meier machte aus seinem Herzen keine Mördergrube "*Wenn was zum Aufladen gewesen wäre, hätten wir`s schon mitgenommen*" gab er unumwunden zu. Die "Nürnberger Zeitung" vermerkt in diesem Zusammenhang noch, dass

Frau Sonja Meier sich an diesen Vorfall, der keine Straftat darstellte, erstaunlich gut erinnern konnte, während sie ansonsten bei dieser Verhandlungen wieder von ihren "Gedächtnisschwund" geplagt wurde, *"so dass selbst dem besonders humanen Vorsitzenden der Geduldsfaden riss und er sie scharf zurecht wies."*

6.26.   Tag neun: Ein Angeklagter verduftet

Weitere Überraschungen und komische Szenen gab es auch bei der Verhandlung am Freitag, dem 28. November 1952. Auf die größte Überraschung deutete ein leerer Stuhl in den Reihen der Angeklagten hin. Der Angeklagte Franz Hartmann hatte nämlich *"das dringende Bedürfnis verspürt, mit unbekanntem Ziel zu verreisen"* ("Nürnberger Nachrichten"). Deshalb wurde er zur Fahndung ausgeschrieben.

Für die Presse wird in diesem Stadium des Verfahrens fest, dass nun *"langsam die Spreu vom Weizen gesondert"* werden würde, da sich Hans Meier, Herbert Schulz und Manfred Schulz immer mehr als *"die drei Pole herauszustellen, um die sich alles dreht"*. Die übrigen Angeklagten seien weitgehend *"Gelegenheitsmitarbeiter"* gewesen die man miteinbezogen hatte, wenn dies notwendig war.

Besonders aufmerksam und kritisch wurde Hans Meier von den Pressevertretern beobachtet. Diese warfen ihm vor, dass er sein Verhalten bei jeder sich bietenden Möglichkeit beschönigen würde, obwohl es bei der Menge der Delikte, die ihm zur Last gelegt werden, auf eine Kleinigkeit mehr oder weniger nicht ankommen würde. Als Beispiel wurde die Ermittlung des Sachverhaltes bei einem Einbruch in das Wasserwerk Rückersdorf angeführt. Dabei ging es wiederum um die, aus juristischen Gründen erhebliche Frage, welche Hindernisse die Diebe überwinden mussten, um in das Innere des Gebäudes, und damit an das Diebesgut, zu kommen. Meier behauptet, sie Türe dort sei zufällig unverschlossen gewesen, so dass er sie leicht aufdrücken konnte. Demgegenüber erinnerte sich ein Komplize genau daran, dass man es damals mit einer verschlossenen Tür zu tun hatte, die man erst mit einem Dietrich öffnete. Der Einbruch in das Wasserwerk der Nachbargemeinde war übrigens alles andere als lohnend. Statt des erwarteten Kupferkabels konnten nämlich nur wenige Meter (billigeres) Aluminium mitgenommen werden.

6.27. Trafowerk I: Diebstahl mit anschließenden "Verkehrsproblemen"

Das Verfahren war also ein richtiger Marathon. Man darf annehmen, dass alle Prozessbeteiligten, insbesondere aber die Angeklagten, mit jedem Verhandlungstag mehr "geschlaucht" waren, wenn sie am Morgen eines langen Verhandlungstages wieder ihre mittlerweile gewohnten Plätze im Böhmsaal einnahmen.

"Die Verhandlung zermürbt" hatte der Journalist der "Nürnberger Nachrichten" schon am 29. November geschrieben, gerade so als ob er den Verlauf des kommenden Verhandlungstages vorausgeahnt hätte. An diesem Montag waren die Angeklagten nämlich wesentlich "geständnisfreudiger" als im bisherigen Verfahren. *"Glatte Abwicklung war das Hauptmerkmal dieser Tage"* ist zu lesen. Und: *"Sogar Frau Sonja Meier bequemte sich zu einer Änderung ihrer bisherigen Taktik. Ob aus Einsicht, Besserung oder weil der bisherige Regisseur Josef Nürnberger zurzeit im Gefängnis weilt, steht dahin"*. Aber nicht nur für den Staatsanwalt sollte es ein guter Tag werden. Auch diejenigen unter den immer noch etwa vierhundert Zuhörern im Böhmsaal, die spannende Kriminalgeschichten mit Röthenbacher Beteiligungen und bisweilen schlüpfrigen Details hören wollten, kamen auf ihre Kosten.

Zuerst wurde der Tatkomplex "Trafowerk der SSW in Nürnberg" behandelt. Auch diesen "Zielgebiet" stattete man mehr als einen Besuch ab. Für die Presse ein Anzeichen, dass die Angeklagten, die schon bei früherer Fällen nicht eben verzagt vorgegangen waren, im Laufe der Zeit alle Hemmungen fallen lassen hatten. Als Grund dafür sah man den erhöhten Finanzbedarf, den der Lebenswandel, den sich die Täter inzwischen angewöhnt hatten, mit sich brachte. *"Denn die Frauen und Zechgelage kosteten Geld"* brachten es die "Nürnberger Nachrichten" auf den Punkt. Im Trafowerk war das besonders begehrte, weil teure Kupfer zu finden. Dementsprechend erwartete man sich entsprechend fette Beute. Auf die Idee, es dort zu versuchen, war man jedoch eher zufällig gekommen. Ursprünglich wollte man nämlich in der Nacht zum 10. Januar 1951 nach Roth zum "Eisensammeln". Deshalb fuhr eine dreiköpfige Mannschaft unter Leitung von Hans Meier auch zuerst mit Bestimmungsort Roth in Röthenbach los. Unterwegs traf man Udo Steiner, den man einlud, zuzusteigen, wenn er sich auch ein paar Pfennige verdienen wolle. Ein Angebot, dass dieser dankend annahm.

In Roth angekommen, zog man es jedoch vor, dort in einer Wirtschaft einen zu heben. Dort änderte man dann die Pläne und beschloss, doch lieber nach Nürnberg zurückzufahren, wo man im Hauptbahnhof in der stimmungsvollen Atmosphäre der Jugendstil-Gaststätte[27] weitertrank. Dabei bekam Peter Schulz auf einmal seinen "moralischen" und jammerte: *"Jetzt brauchen wir Geld."*

Weil er das Trafowerk schon einige Zeit vorher "auf Vorrat" ausgekundschaftet hatte, wusste er auch, wo man etwas finden konnte, das man zu Geld machen konnte. Nach dem, was über die Röthenbacher Metalldiebe im bisherigen Prozessverlauf schon bekannt geworden war, dürfte es keinen verwundern, dass er keine großen Überredungskunst anwenden musste, um die anderen drei zum Mitmachen zu bewegen. Ebenso wenig dürfte es überraschen, dass dieses diebische Quartett sich keinen großen Kopf daraus machten, dass es mittlerweile schon Morgen geworden war, und schon die ersten Straßenbahn fuhren, die die Frühschichtler zur Arbeit brachten. Nun durstig nach Taten anstatt nach Bier fuhr man kurzentschlossen mit dem Dreirad zum Trafowerk.

Dort angekommen gab Hans Meier mit den Worten *"Dau drübn ist die War!"* das Signal zum Losschlagen. Dann löste er in aller Seelenruhe mit einem Beil einige Latten aus dem Zaun, und forderte die anderen drei auf, sich durch die so entstandene Öffnung zu zwängen. Drüben angekommen holten sie Kupferbanderolen im Gesamtgewicht von drei Zentnern, die dort im Freien lagerten, heraus und verstauten sie auf der Ladefläche des Dreirads. Dann ging es ab zu einem Großhändler, der offensichtlich kein Problem mit dieser frühen, vermutlich etwas nach Bier riechenden Kundschaft hatte und das Metall für 700,00 DM ankaufte. Hans Meier setzte den Anteil eines jeden Mittäters auf 100,00 DM fest. Allerdings zog er davon noch den Anteil des jeweiligen Komplizen an der am Vorabend und in der Nacht gemachten Zeche ab.

Eigentlich schon eine ereignisreiche Nacht, möchte man meinen. Meier und seine Komplizen waren jedoch noch lange nicht müde. Mit dem "frischen" Geld in der Tasche fuhr man nochmal zum Bahnhof und kehrte dort wieder ein. Danach fanden zwei der vier, dass es nun wirklich genug war und machten sich mit dem Zug auf den Rückweg nach Röthenbach.
Nicht so Hans Meier und ein jüngerer Mitangeklagter. Diesen gelüstete nun nach Zerstreuung ganz anderer Art. Deshalb fuhren sie nochmals nach Roth um dort einigen "Damen" ihre Aufwartung zu machen. Die "Nürnberger Nachrichten" konstatieren: *"Magnetisch zog sie eben das ewig Weibliche an"*. Und dann sprechen sie reißerisch davon, dass die beiden in Roth *"Ami-Mädchen"* beziehungsweise *"Amizonen"* besucht hätten. Das

---

[27] Die bei der großen Bahnhofsrenovierung vor etlichen Jahren leider zur Schalterhalle "degradiert" wurde.

dürfte nicht nur politisch, sondern auch sprachlich unkorrekt sein. Schließlich waren die Frauen vermutlich keine "Amis", sondern hatten allenfalls - zumindest in der Fantasie des Journalisten - regelmäßigen, möglicherweise auch äußerst nahen Kontakt zu Angehörigen der US -Armee. Was die beiden dort genau mit den Damen getan haben, bleibt der Vorstellungskraft der geneigten Leser überlassen. Über die Dinge, die sich danach ereigneten, geben die "Nürnberger Nachrichten" jedoch bereitwillig und nicht ohne eine gewisse Schadensfreude Auskunft. Die Zeitung vermeldete nämlich weiter, dass der Mitfahrer von Hans Meier in Roth seine Uhr, die er *"bis zum nächsten Wiedersehen"* als *"Liebespfand"* gegeben hatte sowie 25,00 DM *"auf Nimmerwiedersehen eingebüßt"* hätte. Außerdem berichtet sie pflichtschuldig, dass der schwerbetrunkene Hans Meier auf der Rückfahrt von Roth seinen Wagen in den Straßengraben gesetzt hätte. Da inzwischen lichter Tag war, blieb zumindest dieser Gesetzesverstoß dem Auge des Gesetzes nicht verborgen. Hans Meier wurde deswegen der Führerschein entzogen. Seine sonstigen Eskapaden dieser Nacht blieben jedoch unentdeckt.

6.28. Trafowerk II: Trotz Störung reiche Beute

Mancher andere hätte nach diesem Vorfall als gebranntes Kind das Feuer, oder zumindest das Trafowerk, gescheut. Hans Meier war jedoch aus anderem Holz geschnitzt. Wenige Tage später, der Wagen war inzwischen repariert, fuhr er in den frühen Morgenstunden erneut zum Trafowerk, diesmal sogar in Gesellschaft seiner Frau sowie von drei weiteren Helfershelfern. Wieder ging man ähnlich vor wie schon beim ersten Mal. Als man bereits sieben Kupferbanderolen durch den Zaun gezwängt und auf die Straße gebracht sowie siebzehn weitere an den Zaun gerollt hatte, wurde man jedoch durch einen Mann, der in das Trafowerk ging, gestört.

Augenblicklich gab das diebische Kleeblatt in verschiedene Richtungen Fersengeld. Am Dutzendteich traf man dann wieder zusammen und beriet das weitere Vorgehen. Frau Meier und ein weiterer Komplize wollten das Glück nicht zu sehr herausfordern. Anders Hans Meier, der meinte, man müsse die Sache auch zum Ende bringen. Schließlich gelang es ihm, den dritten Mittätern zu überreden, mit ihm gemeinsam die Beute abzuholen. Ungerührt fuhren die beiden wieder zurück und luden Kupfer im Gewicht von vier Zentnern auf. Dann fuhren die beiden direkt zu einem Altmetallhändler, dem das Material 600,00 DM wert war. Der mutige Mittäter bekam nach eigenen Aussagen hiervon von 200,00 DM von Hans Meier ausbezahlt. Meier bestritt jedoch vor Gericht, dass er den Löwenanteil der Beute für sich einbehalten hatte und bestand darauf, dass man halbe-halbe gemacht habe. Allerdings habe sein Helfer an Ort und Stelle 100,00 DM als Zuschuss für die Reparatur des Wagens, der im Anschluss an die letzte Diebestour beschädigt worden war, gestiftet. Nur das sei der Grund gewesen, warum er seinem Komplizen nicht 300,00 DM, sondern nur 200,00 ausbezahlt hätte.

Meier dürfte an diesem Tag froh gewesen sein, dass er in Untersuchungshaft saß. Andernfalls wäre ihm vermutlich eine gehörige Standpauke seiner Frau sicher gewesen. Ihr (und dem dritten Mann des ursprünglichen Teams) hatte er damals nämlich erzählt, dass er mit seiner nachträglichen Abholaktion keinen Erfolg gehabt hätte, weil bei ihrer Rückkehr Arbeiter auf dem Trafowerk-Gelände gewesen wären.

Auf diese Weise hatte er es also wiederum geschafft, 400,00 DM in seine schwarze Kasse für alkoholische und erotische Exzesse abzuzweigen.

6.29. Der Mann mit dem Messer am Milchhof

Weiteres Thema dieses Verhandlungstages war der Tatkomplex "Milchhof" aus den letzten Monaten des Jahres 1950. Auch hier war die Frau Meier mit von der Partie. Begonnen hatte diese Diebestour mit einem gemeinsamen Kinobesuch des Ehepaars Meier, des Herbert Schulz und des Ralf Wagner im Kali-Kino am Plärrer[28]. Dieses Mal war es dann Herbert Schulz, der unvermittelt bemerkte, dass man wieder einmal Geld gebrauchen könnte. Es kam, was kommen musste: Kurz entschlossen machte man sich auf den Weg, dieses Mal zum Milchhof, und begann dort das Unternehmen um drei Zentner Kupfer zu erleichtern. Auch dies ging jedoch beinahe ins Auge. Die Episode ”Milchhof” hat gleichermaßen eine dramatische wie komische Note.

Man hatte besprochen, dass Hans Meier und Ralf Wagner das Metall vom Milchhofgelände holen sollten. Herbert Schulz und Sonja Meier dagegen sollten so tun, als ob sie spazieren gehen und so unauffällig verhindern, dass zufällig Vorbeikommende oder, schlimmer noch, Polizisten oder Wachleute, die Sache auffliegen lassen würden. Während Herbert Schulz und Sonja Meier nun ein spazierendes Paar mimten[29], stand auf einmal ein Mann mit gezücktem Messer vor ihnen. Dieser wollte jedoch den beiden nichts Böses, sondern erbat deren Mithilfe bei der Bekämpfung des Metalldiebstahls. Er hatte nämlich die Täter auf dem Gelände

---

[28] Heute: „Theater Salz & Pfeffer“.

[29] Was ihnen möglicherweise gar nicht so schwer gefallen ist, da nicht auszuschließen ist, dass Herbert Schulz derjenige unter den Komplizen war, mit dem die Meier ein engeres Verhältnis unterhielt.

bemerkt und suchte nun Helfer, die bereit waren, zusammen mit ihm den Dieben das Handwerk zu legen. Und deshalb sprach das scheinbar zufällig des Weges kommende Liebespaar an. Dass er damit den Bock zum Gärtner gemacht, ahnte der Unbekannte nicht.

"Dort unten sind zwei Banditen!" stieß er hervor. Manch anderem wäre in dieser Situation sicher das Herz in die Hose gerutscht. Nicht so jedoch Herbert Schulz und Sonja Meier. Kaltblütig wie sie waren, erkannten sie sofort, dass mit den "Banditen" niemand anderes als Hans Meier und sein Komplize gemeint waren. Und sie zeigten erhebliches schauspielerisches Talent: Bereitwillig boten sie dem Mann an, bei der Festnahme zu helfen. Allerdings, so teilten sie ihm mit, sei es besser, wenn man die Sache nicht alleine in die Hand nehmen würde. Deshalb forderten sie den Mann auf, weitere Hilfe zu holen. Sie selbst versprachen währenddessen die Täter im Auge zu behalten. Arglos ging der Mann auf diesen Vorschlag ein. Damit hatten Herbert Schulz und Sonja Meier die unmittelbare Gefahr für Hans Meier und Ralf Wagner abgewandt und genug Zeit herausgeschlagen, um zusammen mit den beiden fliehen zu können.

Wer allerdings denkt, Hans Meier hätte sofort als er von der Entdeckung erfahren hat, Fersengeld gegeben, irrt. Er suchte nämlich erst dann das Weite, nachdem er die Beute vollständig aufgeladen hatte. Wiederum also ein filmreife Episode, bei der die Beteiligten eine erhebliche Kaltschnäuzigkeit an den Tag legten.

Das Gericht untersuchte auch ob der Händler, der die Beute vom Milchhof ankaufte, von deren illegaler Herkunft wusste. Hans Meier behauptete diesbezüglich, dass diesem Händler sehr wohl bewusst gewesen wäre, dass es sich um heiße Ware handelte. Dies unterstrich Hans Meier mit den Worten: *"Ich habe keinen Menschen hereingelegt."* Zumindest in dieser Allgemeinheit dürfte dieser Satz nicht stimmen. Schließlich hatte der Prozess ja an vielen anderen Stellen gezeigt, dass Hans Meier durchaus andere hinters Licht geführt hat. Dabei machte er auch vor seinen Mittätern nicht halt. Beispielsweise wenn er sie bei der Verteilung des Erlöses der Beute übervorteilte oder ihnen verschwieg, dass er überhaupt Beute gemacht hat. Zu diesem Zweck hatte Hans Meier Diebesgut auch schon einmal vor seinen Komplizen in Kinderbetten versteckte, um ihnen keine Beteiligung auszahlen zu müssen.

Im Zusammenhang mit der Tat am Milchhof erfuhr das Gericht auch von der Ehefrau von Peter Schulz, die als Zeugin vernommen wurde, dass ihr Ehemann in zwei Monaten mit Altmetall einen Betrag von 48.000,00 DM umgesetzt habe. Der Gerichtsvorsitzende nahm dies zum Anlass, den Röthenbachern zu demonstrieren, dass das lateinische Sprichwort *"Judex non calculat*[30] zumindest in seinem Fall keinerlei Berechtigung hat. Er rechnete nämlich vor, dass Peter Schulz innerhalb von nur sechs Wochen den Kaufpreis eines Lastwagens verdient hatte. In Erinnerung geblieben dürfte die Aussage der Ehefrau von Peter Schulz den Röthenbacher Prozessbesuchern auch deshalb sein, weil diese Sonja Meier schwer belastete. Insbesondere hob sie hervor, dass Sonja Meier die Männer mit Sätzen wie *"Ihr traut euch ja nichts"* noch zu weiteren Taten angestachelt habe. Hans Meier warf ihr daraufhin Meineid vor. Allerdings beeindruckte dies das Gericht nicht.

6.30.   Telefondrähte verschwinden über Nacht vom Mast

Die Zuhörer dürften sich bei Szenen wie dieser bestens unterhalten haben. So interessant dürften die anderen Veranstaltungen, die ansonsten im Böhm- oder im Moritzsaal oder in einem der damals drei Kinos des Ortes stattfanden, kaum gewesen sein. Außerdem wird für den Besuch von Gerichtsverhandlungen ja kein Eintritt verlangt. Und, das war damals sicher auch ein Vorzug, geheizt wurde auch noch! Der Gerichtssaal wäre aber vermutlich auch voll gewesen, wenn man eine Karte dafür hätte kaufen müssen.

Und auch die folgenden Verhandlungstage wären es wert gewesen, Eintritt dafür zu zahlen. Während in der Zeit vorher vor allem große "Fischzüge" mit mehreren Beteiligten und teilweise grotesken Begleitumständen im Mittelpunkt standen, traten nun Telefonleitungdiebstähle, wie derjenige im Röthenbacher Grund, bei dem das gemeindliche Wasserwerk vom Fernsprechnetz abgetrennt worden war, in den Vordergrund. Diese Telefonleitungsdiebstähle wurden meist von Einzeltätern begangen, die ein erhebliches sportliches Geschick haben mussten. Unabhängig davon waren ihre Auswirkungen jedoch häufig größer, und vor allem: für eine größeren Anzahl von Leuten spürbar, als bei den großen Coups auf Werks- und Fabrikgeländen. Die "Nürnberger Nachrichten" beklagten etwa, dass der *"Telefonverkehr auf zahlreichen Gemeinden lahm (gelegt wurde), indem man viele tausend Meter Telefondraht abzwickte"*.

Besonders ausführlich berichteten die Zeitungen über Taten, die Manfred Schulz, besser bekannt unter seinem Spitznamen "Teddy", oft im Beisein seiner Geliebten, der mitangeklagten Elfriede Schneider, begangen haben soll. Diese Berichterstattung ist aus mehreren Gründen bemerkenswert. Zum einen fällt der flapsige Ton auf, der eher zu einer witzigen Krimikurzgeschichte passen würde als zu ernsthafter Gerichtsberichter-

---

[30] Ein Richter rechnet nicht.

stattung. Zum anderen enthält der Bericht auch zwei Fotos aus der Gerichtsverhandlung, die Fragen aufwerfen. Dazu, dass es von Rechts wegen aus deutschen Gerichtsverhandlungen eigentlich keine solchen Bilder aus Gerichtsverhandlungen geben sollte, wurde schon oben etwas gesagt. Unabhängig davon geben diese Bilder auch einen lebhaften Eindruck von den beengten räumlichen Verhältnissen, die im notdürftig zum Gerichtssaal umgerüsteten Wirtshaussaal herrschten. Außerdem lassen sie Rückschlüsse auf die Atmosphäre, die während der Gerichtsverhandlungen herrschte, zu.

Auf dem linken der beiden Bilder sieht man fünfzehn der Angeklagten, die, wie bei einer Theatervorführung, mit dem Blick nach vorne auf in Reihen gestellten Wirtshausstühlen sitzen. Einige von ihnen haben die Arme verschränkt, einer hält sich nachdenklich die Zeigefinger seiner beiden, vor dem Kinn geballten Hände vor die Nase. Ein weiterer hat, wohl zum Mitschreiben, einen Block in der Hand. Die meisten männlichen Angeklagten haben dunkle Anzüge an. Von einem anderen, der etwas Helles trägt, sieht man auch Teile der Schuhe. Soweit man es erkennen kann sind es leichte Sommerschuhe, die wenig zur damaligen Jahreszeit passen. Andererseits könnte es sich auch um einen Angeklagten handeln, der in Untersuchungshaft saß. Für die Anreise von dort, bzw. dem Polizeigefängnis in Lauf, dürfte aber sommerliches Schuhwerk ausgereicht haben. Auffällig ist, dass die meisten Angeklagten auf dem Bild zu schmunzeln scheinen. Derjenige, der in der ersten Reihe links vorne, und damit im Zentrum des Bildes, lässig zurückgelehnt sitzt, scheint sogar zu grinsen. Vielleicht handelt es sich ja nur um eine verlegene Reaktion, die durch die Anwesenheit des Fotografen hervorgerufen wurde. Vielleicht aber zeigt das Bild die Angeklagten wirklich so, wie sie das Verfahren verfolgt haben. In jedem Falle macht dieses Bild also nicht unbedingt den Eindruck, dass hier Angeklagten respektvoll vor einem Gericht sitzen, das sie fürchten.

Der Eindruck, dass die Angeklagten das Gericht nicht unbedingt ernst nahmen, wird noch durch die Bildunterschrift verstärkt. Dort heißt es: *"Die Angeklagten schmunzeln, als Elfriede Schneider vor dem Richtertisch sagt: "Ich bin nicht mitgegangen um zu stehlen oder aufzupassen. Ich bin nur mitgegangen um den Teddy auf die Telefonmasten klettern zu sehen."*

Die "Nürnberger Zeitung" war in dem Bericht über einen früheren Verhandlungstag zu dem Schluss gekommen, dass man aus dem großen Interesse, das der Prozess bei den Einwohnern von Röthenbach hervorruft, schließen kann, dass der *"Zweck der Verhandlungsverlegung nach Röthenbach, nämlich in weitem Maße erzieherisch zu wirken, erreicht werden dürfte."* Wenn man diese Bilder sieht, zweifelt man, ob diese Feststellung tatsächlich zutrifft.

Schließlich kann es genauso gut sein, dass die Wirtshausatmosphäre und die übergroße Öffentlichkeit von fast einem halben tausend Zuschauern pro Tag (!) die Angeklagten eher dazu verleitet haben, eine "Show abzuliefern". Auch wenn sich das möglicherweise später, im Urteil, negativ für sie auswirken sollte. Dies könnte unter anderem auch den einen oder anderen respektlosen Zwischenruf, von dem bereits berichtet wurde, erklären. Möglicherweise hat es also doch seine Richtigkeit, dass Gerichtsgebäude und Gerichtssäle üblicherweise respektgebietend ausgestattet sind.

Diese Überlegung findet weitere Nahrung, wenn man sich das Bild rechts daneben ansieht, auf dem die eben erwähnte Angeklagte gerade einmal einen halben Meter vor dem mit Akten und Gesetzeskommentaren reichlich belegten provisorischen Richtertisch steht. Zwei der fünf Richter schreiben gerade mit. Ihre gebückte Körperhaltung lässt einen fast physisch erahnen, wie eng es auch für die Mitglieder des Gerichtes zugegangen ist.

Das Ganze macht eher den Eindruck einer Musterungskommission bei der Arbeit oder der Anmeldung einer Teilnehmerin bei der Startnummernausgabe eines Volkslaufes. Ehrfurcht jedenfalls löst dieser „richterliche Katzentisch" nicht unbedingt aus. In einer solchen Umgebung lässt man als Angeklagter, vor allem, wenn man eine Auswahl seiner eigenen Stammtischbrüder und Vereinskameraden im Zuschauerraum hinter sich weiß, vermutlich schon einmal ein loses Wort fallen, das man sich in den gestrengen Räumlichkeiten der Nürnberger Justiz wohl verkniffen hätte. Ob dieser Unterschied den Richtern bewusst war, als sie über die Höhe der festzusetzenden Strafen berieten und dabei das Verhalten der jeweiligen Angeklagten während der Verhandlung nochmals Revue passieren ließen?

Bilder aus laufenden Gerichtsverhandlungen sind in deutschen Zeitungen eher unüblich. Ähnliches gilt sicher auch für launige Einleitungen zu Gerichtsreportagen von der Art des nachfolgenden Textes:

"Es liegt vielleicht in der Mentalität einer liebenden Frau, den Bezwinger ihres Herzens als Helden zu sehen. Die Ritterfräulein sahen den Geliebten als siegreichen Turnierkämpfer. Die Almdirndel wünschen sich den Herzensliebsten als kühnen Alpinisten, der die Edelweißblumen herabholt aus der steilen Wand. Dieser Bandendiebstahl hat eine neue Heldenvariation geboren. Die Angeklagte Elfriede Schneider sah ihren Geliebten gerne auf Telefonmasten klettern und Drähte abzwicken. So einem "Helden" gehörte ihr Herz."

Diese Einleitung dürfte bereits klarstellen, dass die Angeklagten im darauf folgenden Artikel nicht unbedingt mit fairer und ausgewogener Berichterstattung zu rechnen hatten. Vielmehr war hier ein Journalist der Versuchung erlegen, aus einer Gerichtsverhandlung, die zweifellos auch, zumindest für die Zuhörer, amüsante Momente hatte, auf dem Rücken der Angeklagten eine fetzige, gut zu lesende, aber eben subjektive Satire zu schreiben. Nachdem, ebenfalls einleitend, angekündigt wurde, dass die Verhandlung *"weitere Einblicke in ein sehr düsteres Milieu"* gegeben hätte, wird mit ausführlichen Zitaten aus der Gerichtsverhandlung deren Verlauf nacherzählt.

Im Kern geht es um folgendes: Hauptangeklagter wegen der Telefondrahtdiebstähle war Manfred Schulz, der die erwähnten neun Kilometer Telefondrähte von den Masten geholt haben soll. Deshalb nannte ihn die ”Pegnitz-Zeitung” in ihrem Bericht vom 13. Dezember, einem der wenigen Artikel, dem sie dem Prozess in Röthenbach widmete, einen *”Klettermaxe”*, der ohne Steigeisen die glattesten Masten hochkletterte. Vor lauter Verwunderung über die sportliche Leistung des Manfred Schulz nahm diese fränkische Heimatzeitung sogar Anleihen aus der ansonsten im Westen sorgsam gemiedenen Terminologie der DDR und stellte fest, dass Manfred Schulz ein *”Aktivist der Arbeit gewissermaßen”* sei. Eine andere Zeitung notiert eilfertig, dass auch dieser Angeklagte nach den Worten des Vorsitzenden Richters Dr. Grüber *”ein Mann mit einem erheblichen Damenverschleiß”* gewesen sei.

Da dieser *”Fachmann”* (so ebenfalls die ”Pegnitz-Zeitung”) bei seinen Taten meist von seiner Geliebten Elfriede Schneider begleitet wurde, drängte sich dem Gericht der Verdacht auf, dass Elfriede Schneider jeweils mitgegangen war um zu verhindern, dass ihr kletterbegabter Geliebter auf frischer Tat ertappt werden würde. Diese stritt jedoch energisch ab, ihrem Geliebten bei diesen Taten geholfen zu haben. Gleichzeitig konnte sie aber nicht leugnen, dabei gewesen zu sein, als ”Teddy” das Kabel von den Masten holte.

Die Befragung durch das Gericht kann man sich, wiederum anhand der Presseberichte so, wie nachfolgend dargestellt vorstellen (die kursiven Passagen sind wörtlich aus damaligen Zeitungsberichten übernommen):
"Waren Sie nicht als Aufpasserin bei den Diebstählen dabei?" In der Stimme des Landgerichtsdirektor Grüber schwang bei dieser Frage ein leicht ungläubiger Unterton mit.

"Nein, Herr Richter" erwiderte die stehende Angeklagten *”mit nonchalanter Geste”*, während sie mit leicht nach vorne gebeugtem Kopf zu den Mitgliedern der großen Strafkammer heruntersah.

"Sie waren aber doch mit dabei?" hakte Dr. Grüber nach.

Als die Angeklagte mit großer Selbstverständlichkeit nickt, bohrte der Gerichtsvorsitzende nach: "Dann erklären Sie uns doch einmal, warum sie dann überhaupt dabei waren?"

"Also, Herr Richter, das war so." begann darauf Elfriede Schneider: "Von den Diebstählen wollte ich überhaupt nichts wissen. Ja, ich war sogar total dagegen. Deshalb hätte ich auch nie bei so etwas aufgepasst."

Spätestens hier wird Dr. Grüber ungeduldig unterbrochen haben: "Ja, wenn dem so war, dann erklären sie uns doch, bitteschön, wieso sie dann um Himmelswillen mitgegangen sind, wenn ihr Freund Telefondrähte abgezwickt hat?"

Worauf Elfriede Schneider, vermutlich mit großen Augen und Unschuldsmiene, nur meinte: *"Aber ich habe den Teddy eben so gerne klettern sehen."*

Das Ganze klingt ziemlich unglaubwürdig. Aber schließlich war es nicht Aufgabe von Elfriede Schneider nachzuweisen, dass sie ihrem Geliebten nicht geholfen hatte, sondern das Gericht hätte ihr definitiv beweisen müssen, dass - und wie - sie ihren Teddy bei den Taten unterstützt hat. Auch andere Dinge im Zusammenhang mit diesen Telefondrahtdiebstählen erstaunen. So soll der gewandte Kletterer Teddy, der ohne Steigeisen, die Telefonmasten bestieg *"niemals nüchtern"* gewesen sein. Das überrascht, schmälert aber seine sportliche Leistung keineswegs. Im Gegenteil!

"Und Sie haben sich nicht darum gekümmert was er da oben getan hat?" könnte der Richter danach gefragt haben. Um dann hinzuzusetzen: *"Haben Sie vielleicht gedacht, der ist da hochgeklettert um einmal schnell zu telefonieren?"*

"Nein, darum habe ich mich nicht gekümmert" kam von der Angeklagten zurück.

Während der Vernehmung ließ Elfriede Schneider das Gericht und den wiederum vollbesetzten Böhmsaal auch tief in den Alltag ihrer Beziehung mit Teddy blicken. So sollen Spaziergänge mit diesem alles andere als lauschig und unterhaltsam gewesen sein.

"Wenn wir miteinander spazieren gingen, so schaute er fortwährend nur hinauf in die Höhe!" klagte sie ihr Leid.

In dem genannten Zeitungsartikel wird das folgendermaßen kommentiert:

"Damit will sie sagen, dass er ununterbrochen nur nach Telefondrähten ausschaute, die zum Stehlen geeignet waren. Und das kann eine Frau sicherlich nur schlecht verzeihen, wenn der Geliebte sie gar nicht anblickt."

Außerdem beschwerte sich Elfriede Schneider über Teddy: *"Der hat immer nur Frauen gebraucht, die sein hilfloses Werkzeug waren!"*

Das allerdings wollte das Gericht nicht glauben. Der Vorsitzende erwiderte nämlich: *"Da ist er aber dann, nach allem, wie ich Sie jetzt beurteilen kann, und nach allem, wie wir Sie hier erlebt haben, doch an die Verkehrte gekommen."*

Und auch der Staatsanwalt geizte nicht mit süffisanten Bemerkungen. Unter anderem warf er ein, dass für manche Menschen das Geld auf der Straße liege, für den angeklagten Teddy dagegen hätte es eher „*in der Luft gelegen*".

Bei der Vernehmung der Elfriede Schneider kamen jedoch auch traurige Umstände ihrer Beziehung zu dem "Klettermaxe" Teddy zur Sprache. Unter anderem soll dieser seine Geliebte mehrfach blutig geschlagen haben. Die anwesende Presse erwähnte diesen Umstand zwar, ihr Mitleid hielt sich jedoch in Grenzen. Stattdessen wurde genüsslich ausgebreitet, dass Elfriede Schneider *"in Bandenkreisen mehrere Interessenten hatte, nachdem sie sich vorher viel mit Ausländern abgegeben hatte"* und vermutet, dass sie *"wohl eine Art "Pompadour" zwischen den Metalldieben"* sei.

Auch der ausgiebige Alkoholgenuss dieses Aktivisten der Arbeit der besonderen Art und seiner Geliebten wurde genüsslich an das Licht der Öffentlichkeit gezerrt. Auch diesbezüglich ergingen sich die ehemaligen Komplizen in wechselseitigen Beschuldigungen. Teddy etwa berichtete dem Gericht vorwurfsvoll, dass Elfriede Schneider mit ihrer Schwester und Mutter zusammen an einem Abend 57 Flaschen Bier getrunken hätten.

Was diese nicht auf sich sitzen lassen wollte und konterte: *"Der hat doch in der Brauerei, wo er beschäftigt war, jeden Tag seine fünfzehn Flaschen Bier gezwitschert."*

Manfred Schulz dachte gar nicht daran, diese Menge abzustreiten. Eine Erklärung dafür wollte er dem Gericht jedoch schon geben. Deshalb hob er mit den Worten an: *"Wenn man in einer Brauerei ist ..."*

Der Staatsanwalt unterbrach ihn jedoch sogleich mit den denkwürdigen Worten: *"Sie waren doch als Maler in der Brauerei und nicht als Mannequin, um den Leuten Bier vorzutrinken."*

Manfred Schulz ließ dennoch nicht locker und versuchte ein weiteres Mal das Gericht von den Charaktermängeln seiner Ex-Geliebten zu überzeugen. *"Um zwei Mark fünfzig hat sie einen Lippenstift haben müssen"*, informierte er ungefragt das Gericht.

So sieht es aus also, wenn sich Beziehungen *"von Liebe zu Hass gewandelt haben"* und sich die früheren Liebhaber als Mitangeklagte vor den Schranken des Gerichts wiedertreffen.

Die Behandlung der Telefondrahtdiebstähle bildete den Abschluss der Beweisaufnahmen. Insbesondere wegen der diversen Einblicke in die Beziehungen und den Bierkonsum der Angeklagten dürfte dieses Kapitel des Verfahrens für alle jene, die an Informationen, Halbinformationen und Gerüchten über die angeklagten Straftaten und auch die strafrechtlich nicht relevanten Verhaltensweisen der Angeklagten interessiert waren, eines der Sahnestückchen gewesen sein.

7. Der Staatsanwalt „wirft die Bombe"

Mit der Beweisaufnahme endet ein Strafprozess nicht. Vor der Urteilsfindung haben zuerst die Staatsanwaltschaft und dann die Verteidigung die Möglichkeit, in ihren Plädoyers das Ergebnis der Beweisaufnahme aus ihrer Sicht darzustellen.

Unabhängig von diesen Plädoyers dürfte in Röthenbach vorher schon die Diskussion über den Ausgang des Verfahrens begonnen haben. Wie bei der Diskussion vor wichtigen Fußballspielen oder Wahlen dürfte deshalb an Küchen- und Stammtischen, in Arbeitspausen und beim Kaffeeklatsch mit vielen "fachkundigen" Argumenten, aber auch aufgrund von Sympathien und Abneigungen "aus dem Bauch heraus", dem einen oder anderen Ergebnis das Wort geredet worden sein. Manchem Biertischstrategen wird dabei aufgegangen sein, dass es alles andere als leicht ist, bezüglich von mehr als zwanzig Angeklagten und fast fünfzig angeklagten Taten, für jeden Angeklagten und jede Tat zu einem gerechten Ergebnis zu kommen. Die Fülle der Ereignisse, über die an vielen Verhandlungstagen in verschiedenen widersprüchlichen Versionen berichtet worden war, machte es auch regelmäßigen Prozessbesuchern nicht leicht, den Überblick zu behalten. Gerade deshalb dürfte die Spannung auf das, was Staatsanwalt und die Verteidiger als "Profis" in ihren Plädoyers betonen würden, groß gewesen sein.

Am Mittwoch, dem 10. Dezember 1952 trat der Prozess in seine letzte Phase. An diesem Tag wurden die Plädoyers gehalten. Nicht weniger als fünf Tage hatte das Gericht dafür vorgesehen. Verständlich: Schließlich musste die Staatsanwaltschaft ihre Sicht der Dinge bezüglich aller verbliebenen sechsundzwanzig Angeklagten vortragen. Und dann musste jedem Verteidigern die Möglichkeit einer Erwiderung gegeben werden. Schließlich hatten die Angeklagten selbst, wenn sie es denn wollten, die Gelegenheit zu einem eigenen letzten Wort. Es stand also noch ein reichhaltiges Programm auf der Tagesordnung!

7.1. Dr. Herf beurteilt nach persönlicher Schuld...

Zuerst war der Staatsanwalt Dr. Herf an der Reihe, der unmissverständlich klar machte, dass er nicht an die Milde des Gerichts appellierte. Im überfüllten Saal stellte er nämlich Strafanträge, die einschlugen wie eine Bombe. Für Hans Meier forderte er nicht weniger als zehn Jahre Zuchthaus. Das ist, auch wenn man in Betracht zieht, dass Meier schon erheblich in einschlägiger Weise vorbestraft war, sehr viel. Ein Vergleich mit dem "Prozess Helm", einem anderen Verfahren, das zur selben Zeit in

Würzburg stattfand, zeigt dies. In diesem Verfahren, wurden die Mitglieder eines fliegenden Standgerichts, das im März und April 1945 in Franken mehr als fünfzig Todesurteile gegen tatsächliche und vermeintliche Deserteure verhängt und meist auch sofort vollstreckt hatte, zur Rechenschaft gezogen. In diesem Verfahren wurden gegen einen der Haupttäter gerade einmal sechs Jahre Zuchthaus beantragt. Für die Mitwirkung an vorsätzlichen Tötungen wohlgemerkt!

Für Herbert Schulz, den ehemaligen "Adjutanten" von Meier, lautete der Antrag von Dr. Herf immerhin noch auf fünfeinhalb Jahre Zuchthaus. Und auch der kletterbegabte Manfred Schulz sollte, wenn es nach dem Staatsanwalt ginge, dreieinhalb Jahre Zuchthaus bekommen. Auch Sonja Meier, die Ehefrau des Meier, sollte zu einem Jahr und einem Monat Zuchthaus verurteilt werden. Zusätzlich beantragte Dr. Herf für sie noch zwölf weitere Monate Gefängnis[31]. Insgesamt plädierte der Staatsanwalt für alle Angeklagten auf nicht weniger als zweiundzwanzig Jahre und vier Monate an Zuchthaus sowie 155 Monate (also fast dreizehn Jahre) Gefängnis. Außerdem forderte er mehrfach den Verlust der bürgerlichen Ehrenrechte und die Verhängung von Polizeiaufsicht.

Insbesondere mit Hans Meier ging der Staatsanwalt hart ins Gericht. Der zusammenfassende Pressebericht der "Pegnitz-Zeitung" vom 13. Dezember 1952 meinte hierzu:

"Meiers schlimmste Verbrechen sind nach den Worten des Staatsanwaltes nicht seine Diebeszüge, auch nicht die Einbrüche, die auf sein Konto kommen, sondern die Gewissenlosigkeit, mit der er aus jungen Menschen Verbrechern machte."

---

[31] Der Unterschied zwischen Zuchthaus und Gefängnis mag den einen oder anderen verwirren. Kein Wunder, es ist ja auch schon eine Weile her, seit das Zuchthaus als spezielle Kategorie der Freiheitsstrafe abgeschafft wurde. Hier ist nicht der Ort, uns in juristischen Details zu verlieren. Deshalb an dieser Stelle nur gesagt, dass Zuchthaus früher ein Gefängnis mit strafschärfenden Haftbedingungen für besonders "schwere Jungs" war. Wesentlicher Bestandteil der Zuchthausstrafe war insbesondere der Zwang zu körperlicher Arbeit. Wegen der erheblich härteren Haftbedingungen wurden, wenn es juristisch erforderlich war, bereits abgesessene Zuchthausstrafen auf Gefängnisstrafen anzurechnen, Zeiten im Zuchthaus im Verhältnis 3: 2 gegenüber Zeiten im Gefängnis bewertet. In Deutschland wurde die Zuchthausstrafe übrigens erst im Jahre 1969 abgeschafft. In Österreich erfolgte dieser Schritt schon 1945. Aber das sei nur nebenbei bemerkt.

Auch mochte der Staatsanwalt der Sonja Meier nicht abnehmen, dass sie an den Diebstählen nicht beteiligt war. Dieselbe Quelle fasst das Plädoyer von Dr. Herf diesbezüglich so zusammen:

"Seine Ehegespons war ihm dabei eine tatkräftige Hilfe."

Dagegen kommentierte der Staatsanwalt die Rolle vieler anderer Mitangeklagter zwar nicht ohne beißenden Spott, behandelte sie im Ergebnis aber eher milde. Der Laufer Reporter meinte hierzu:

"Unter anderen Verhältnissen wären viele der Angeklagten gar nicht aufgefallen, so bar jeder Persönlichkeit wirkten sie. Einige von ihnen bewiesen bei ihren Touren freilich Fähigkeiten, von denen man sich wünschen würde, sie wären weniger profitabel, dafür aber nutzbringend angewandt worden."

7.2. ... die Presse dagegen bedient Klischees über Röthenbach

Die Presse nutzte die Berichterstattung über das Plädoyer und die Anträge des Staatsanwalts Dr. Herf auch dazu, um nochmals die sattsam bekannten Klischees über die Metalldiebe Revue passieren zu lassen. Unter der Überschrift *"Röthenbacher Diebesbande erwartet ihr Urteil"* spricht die "Pegnitz-Zeitung" hierzu unter anderem davon, dass der Prozess *"schlaglichtartig die schweren Versuchungen aufgehellt* (habe), *denen "haltlose Menschen in den Jahren nach dem Zusammenbruch ausgesetzt wurden"*. Weiter ist davon die Rede, dass der *"Räuberhauptmann Hans Meier"* um sich *"eine verschworene Gemeinschaft von fünfundzwanzig geldhungrigen und bierdurstigen Männern und Frauen gesammelt"* habe, die selbst im Gerichtssaal wie *"Pech und Schwefel"* zusammengehalten*"* habe. Die Beweisaufnahme habe *"ein trauriges Bild der Verwahrlosung"* ergeben. Darüber hinaus wird vermeldet, dass sich unter den Angeklagten *"ganz üble Subjekte"* befanden, die es verstanden *"vor dem Richter eine beneidenswerte Sicherheit"* zu zeigen.

Am 12. Dezember 1952 vermeldet die Presse unter der Überschrift *"Im Röthenbacher Prozess wurden 22 Jahre Zuchthaus beantragt: Vor überfülltem Verhandlungssaal begannen die Plädoyers – Gestern hatte Staatsanwalt Herf das Wort"*, dass nun das *"Ringen des Gerichts mit den Angeklagten um die Wahrheit in diesem umfangreichen Komplex von siebenundvierzig Straftaten zu Ende"* sei. Danach wird zusammenfassend festgestellt, dass auch nach Auffassung des Staatsanwalts *"die Nachkriegszustände und die starke Nachfrage nach Buntmetallen"* zu einem *"Metallfieber"* geführt hätte"*, dass in Röthenbach Verhältnisse entstehen ließ, *"welche mit dem Goldfieber in Alaska verglichen werden können"*. Dann wurde der Journalist noch deutlicher:

"In einer Zeit, in der die Altmetallhändler wie Pilze aus der Erde schossen und Leute, die kaum schreiben und lesen konnten, als Kassa einen Papierkorb benützten, in dem sie in Geldscheinen wühlten, war es für asoziale Elemente leicht, willige Werkzeuge zu finden."

Auch wenn an diesen Schilderungen vieles Wahres dran sein mag: Ein bisschen scheinen es die Journalisten aus den bürgerlichen Städten in der Nachbarschaft schon genossen zu haben, hier ein möglichst proletarisch-kriminelles Bild von der Bevölkerung des schnellwachsenden Röthenbachs mit der im Vergleich zu den Nachbarstädten so anderen Bevölkerungsstruktur zu zeichnen. Sei es, wie es mag: Die Strafanträge nahmen auch dem letzten Angeklagten die möglicherweise vorhandene, aber trügerische Sicherheit, dass es nach dem Urteil so lustig und unterhaltsam weitergehen würde, wie es teilweise im Prozess der Fall war. Über die Reaktion der Angeklagten schrieb eine Zeitung in einem Untertitel zum Bericht über das Plädoyer des Staatsanwalts: *"Der große Katzenjammer ist da"*. Weiter führte sie aus:

"Bei der Verlesung der geforderten Strafen war es bei der Mehrzahl der Beschuldigten mit der bisher gezeigten Sicherheit vorbei. Nun zeigte sich nur noch die nackte Angst und gerade die, die bei der Begehung der Straftaten am skrupellosesten vorgingen, brachen zusammen und fingen zu weinen an."

An anderer Stelle heißt es:

"Im Laufe des Plädoyers lässt so manches Gesicht der sonst so stolzen Angeklagten immer länger werden. Die Mehrzahl der Angeklagten brach zusammen und weinte. Sogar die sonst so kesse Räuberbraut Elfriede Schneider schloss sich nicht aus."

Das Plädoyer (auch: der Schlussvortrag genannt) des Staatsanwaltes muss das Ergebnis der Hauptverhandlung aus der Sicht der Staatsanwaltschaft zusammenfassen. Dies in einer Weise, die für Rechtskundige, also für die Richter und Rechtsanwälte, und Laien, wie für die Angeklagten, die Zuhörer und die Medienvertreter, verständlich und überzeugend ist. Der Staatsanwalt soll darin zusammenfassen, was er selbst als Ergebnis der Verhandlung ansieht. Dies zum einen bezüglich der Tatsachen, die seines Erachtens bewiesen wurden; zum anderen bezüglich der rechtlichen Konsequenzen, die sich aus diesen Vorgängen ergeben. Auch soll er erörtern, welche Umstände für eine hohe oder eine geringe Strafe sprechen, also die Gründe der Strafzumessung erörtern. Das Plädoyer hat also eine wichtige Funktion im Strafprozess. Das Gericht ist jedoch nicht an das Plädoyer gebunden. Es kann über die Strafanträge hinausgehen oder dahinter zurückbleiben. Es kann auch freisprechen, obwohl der Staatsanwalt eine Verurteilung fordert.

Deshalb bleibt der Angeklagte auch nach einem Plädoyer, in denen drastische Strafen für sie gefordert werden, immer noch die Hoffnung, dass es so schlimm schon nicht kommen würde. Einen gewissen Hoffnungsschimmer für die Angeklagten enthielt ein Pressebericht, in dem es heißt:

"Obwohl sich die Strafkammer alle Mühe gab und sehr gewissenhaft bis in die kleinsten Details vorging, blieben verschiedene Fragen und Punkte ungeklärt. Fast alle Angeklagten hielten bis zum Schluss der Beweisaufnahme zäh an ihrer Methode fest, nur das zuzugeben, was ihnen bewiesen werden konnte."

Außerdem stand ja ein wesentlicher Punkt des Strafverfahrens noch aus: die Schlussvorträge der Verteidiger. Vielleicht gelang es ja den Herren und der Dame Rechtsanwalt, das Gericht doch noch von der Unschuld, oder zumindest von einer geringeren Schuld der Angeklagten zu überzeugen? Leicht war diese Aufgabe bestimmt nicht. Auch deshalb, weil ein Pressebericht die Ausführungen von Staatsanwalt Dr. Herf als *"scharfgeschliffen"* bezeichnete. Die Messlatte für die Plädoyers der Verteidiger lag also hoch!

8. Die Stunde der Verteidiger

8.1. Wie kann man die „Röthenbacher Schäflein" reinwaschen?

Das Plädoyer ist, neben gezielten Fragen in der Beweisaufnahme, eine der wichtigsten Möglichkeiten des Verteidigers, seinen Mandanten zu verteidigen. Gleichzeitig ist es aber in öffentlichkeitswirksamen Verfahren wie dem Röthenbacher Prozess eine gute Möglichkeit zur Selbstdarstellung und zur "Werbung in eigener Sache". Man darf also annehmen, dass sich die Rechtsanwälte mächtig ins Zeug legten bei ihren Plädoyers. Die große Zuschauerkulisse, die zu erwarten war, dürfte die Anwälte noch weiter zur Vorbereitung motiviert haben.

Wo aber sollten sie ansetzen? Schließlich nutzt es nichts, nur "heiße Luft", die den Angeklagten zwar gut dastehen lässt, aber leicht zu entlarven ist, zu produzieren. Das gefällt während der Verhandlung dem Mandanten, und vielleicht auch dem Publikum. Wenn es aber nichts bewirkt, dann wird auch der Mandant nicht zufrieden sein. Und unzufriedene Mandanten sind negative Werbung.

Wo konnten die Verteidiger also ansetzen, um, wie es eine Zeitung, die über das Verfahren berichtete, formulierte, "ihre Schäflein reinzuwaschen"? Bei den "ganz kleinen Fischen", die noch nicht vorbestraft waren, dürfte es nicht allzu schwer gewesen sein, Ideen für ein Plädoyer zu entwickeln. Die Devise heißt in solchen Fällen meist "Erstens war nichts, und wenn, dann wird es nicht wieder vorkommen". Außerdem kann man in solchen Fällen auch mit einer schwierigen Sozialisation und einem einmaligen Fehlverhalten argumentieren. Naheliegend war hier auch, bei diesen Angeklagten darauf hinzuweisen, dass sie von anderen auf die schiefe Bahn gebracht worden seien. Das sollte, selbst wenn man dadurch keinen Freispruch erwirken konnte, zumindest zu einer Bewährungsstrafe reichen.

Das Problem war in diesem Fall jedoch: Nur die allerwenigsten Angeklagten waren noch nicht vorbestraft. Bei vielen von ihnen liefen auch noch Bewährungen wegen anderer Verurteilungen, einige saßen wegen solcher sogar bereits in Strafhaft. Blieb also nur, zu versuchen, das Gericht davon zu überzeugen, dass der eigene Mandant nicht das gemacht hatte, was ihm vorgeworfen wurde.

Bei der Vielzahl der belastenden Aussagen und Geständnisse war das aber auch nicht unbedingt der Königsweg. Eine gewisse Chance bestand freilich deshalb, da die Belastungszeugen meist selbst in diesem Verfahren angeklagt waren. Man konnte also vortragen, dass die anderen Angeklagten nur die Verantwortung weiterschieben wollten, um sich selbst zu entlasten. Bei der schieren Masse der Beweise war auch das jedoch nur ein wenig erfolgversprechende Variante.

Womit also nur noch die Möglichkeit blieb, zu versuchen, das Gericht davon zu überzeugen, dass das Verhalten des eigenen Mandanten selbst dann, wenn sich die Dinge so zugetragen hätten, wie von der Staatsanwaltschaft behauptet, keine strafbaren Handlungen darstellen würde. Wenn man schon nicht abstreiten kann, dass man im oberen Pegnitztal Metallkabel ausgegraben hat, warum soll man dann nicht damit argumentieren, dass ein solches Vorgehen nicht strafbar ist? Beispielsweise, weil die Kabel gar niemandem gehörten und deshalb gar nicht gestohlen werden konnten? Oder man zumindest gutgläubig davon ausgehen konnte, dass dem so war?

Das war tatsächlich auch der Weg, den einige der Anwälte versuchten. Bevor sie mit ihren Plädoyers beginnen konnten, mussten sie jedoch erst einmal einen Dämpfer verdauen. Erstmals war der Böhmsaal nämlich nicht brechend voll. Presseberichte vermeldeten "s*tarke Lücken im Zuhörerraum*". Offensichtlich hatte das Interesse der Bevölkerung nach den Strafanträgen der Staatsanwaltschaft nachgelassen. Diejenigen Röthenbacher, die auch jetzt noch zum Prozess kamen, erlebten jedoch eine Überraschung (eine Zeitschrift sprach sogar von einer *"kleinen Sensation"*). Der Angeklagte Josef Nürnberger, der die Woche vorher mit Tabletten einen Selbstmordversuch unternommen hatte, nahm wieder an der Verhandlung teil. Um ihn vor sich selbst zu schützen, wurde er in Handschellen vorgeführt und von einem Polizisten begleitet, der ihm nicht von der Seite wich.

8.2. Die Verteidigung des Hans Meier

Der erste Tag der Schlussvorträge stand ausschließlich im Zeichen der Familie Meier. Die Plädoyers der Verteidiger der Eheleute Meier sowie der Mutter von Hans Meier, die von den anderen Bandenmitgliedern auch "Oma Meier" genannt wurde, beansprucht nämlich einen ganzen Tag. Nachvollziehbar, dass der Anwalt von Hans Meier mit aller Macht versuchte, gegen das Bild von Meier als großem Drahtzieher und Anstifter anzukämpfen. Hierbei ging er sogar soweit, zu behaupten, dass Meier gar kein Interesse an den Diebstählen gehabt hätte. Einem Zeitungsbericht zufolge fand er für Meiers rege Beteiligung an den diversen nächtlichen Ausflügen auch eine originale Erklärung. Wörtlich soll der Anwalt vorgetragen haben:

> *"Meinem Mandanten ging es bei den Fahrten nur um die Sauferei. Er ist ein gutmütiger und freigiebiger Mensch, aber kein verbrecherischer Charakter."*

Außerdem, so fuhr er fort, hätte Meier keineswegs junge Leute zum Mitmachen überredet, sondern diese hätten sich vielmehr an ihn herangedrängt und ihn dazu aufgefordert, solche Diebesfahrten zu veranstalten. Abschließend bat der Verteidiger von Hans Meier, darum seinen Mandanten unter Polizeiaufsicht zu stellen, ihn dafür aber nicht ins Zuchthaus zu schicken, sondern noch einmal mit einer Gefängnisstrafe davonkommen zu lassen.

8.3. Eine Lanze für Frau Meier (und eine Blamage für Herrn Meier)

Auch die Ehefrau Meier wurde in den Ausführungen ihres Anwalts zu einem bedauernswerten Wesen, das sich vergeblich bemüht hatte, den Lebenswandel ihres Mannes zu ändern. Bei den Fahrten sei sie nur dabei gewesen, um Diebstähle noch im letzten Augenblick zu verhindern. Und natürlich um erforderlichenfalls außereheliche Ausflüge ihres Ehemanns unterbinden zu können. Hier wird ihr Verteidiger, ein gewisser Theodor Fischer aus Nürnberg-Maxfeld, in etwa das wiederholt haben, was er in einer Erklärung an das Gericht vom 13.11.1952 für den „T(ermin) Montag den 17.11.1952, 8.30 Uhr in Röthenbach bei Lauf" schon ausgeführt hatte:

> „*Allgemein wird bemerkt, dass von einem aktiven Anteil der Sonja Meier an den Straftaten ihres Ehemannes keine Rede sein kann. Sonja Meier hat oftmals versucht, ihren Ehemann der Gesellschaft der Schulz Herbert, Wickert und Schulz Manfred fern zu halten. Sie hat dies wiederholt im Guten und im Bösen versucht und es hat deswegen oft häusliche Szenen gegeben …*"

An dieser Stelle dürften viele im Zuschauerraum amüsiert gegrinst haben. Vielleicht haben auch einige Nachbarn, die in Hörweite der beiden wohnten, bekräftigend genickt. Noch deutlichere Reaktionen dürfte jedoch der folgende Satz bei den vierhundert im Saal ausgelöst haben:

> „*Sie ging damit soweit, dass sie ihm zeitweilig den ehelichen Verkehr verweigert hat.*"

Versuchen Sie sich bitte einmal auszumalen, wie ein Wirtshaus voller Voyeure auf solche Informationen aus dem Schlafzimmer von Nachbarn und Mitbürgern reagiert! Ebbe im Ehebett ist das eine, Blamage im Wirtshaus das andere, für viele Männer vermutlich sogar das größere Übel von beiden. Deshalb dürften die Reaktionen auf die folgenden Ausführungen des Rechtsanwalts Fischer vermutlich noch intensiver gewesen sein:

> *„Sie hat den Mann öfter aus dieser Gesellschaft aus dem Wirtshaus herausgeholt, hat ihm zu diesem Zweck im Wirtshaus Szenen gemacht und ihn dort blamiert."*

So ganz aus der Luft gegriffen können diese Behauptungen nicht gewesen sein. Schließlich wäre der Verteidiger ein hohes Risiko eingegangen, wenn vor einem Wirtshaussaal voller Röthenbacher unzutreffende Behauptungen über Vorfälle, die sich in Röthenbacher Wirtshäusern ereignet hatten, aufgestellt hätte, weil diese von den Wirtshausgängern unter den Anwesenden sofort mit lautem Gelächter als unwahr entlarvt worden wären. (Merke: Über Vorgänge - oder einen Streik - im Schlafzimmer lässt sich leichter lügen als über Ereignisse im Wirtshaus!)

Für das Ansehen von Hans Meier war dieses Verteidigungsvorbringen vermutlich fatal: Erst wird öffentlich enthüllt, dass ihn seine junge Frau (um die ihn vermutlich viele der Trinkkumpane beneidet hatten) nicht mehr (an sich heran)lässt. Und dann wird auch noch (wiederum im, wenn auch als Gerichtssaal umfunktionierten Wirtshaus) breitgetreten, wie er im Wirtshaus von der eigenen Frau blamiert wurde. Da bleibt einem Mann als letzte Bastion der Männlichkeit nur noch der fahrbare Untersatz. Aber auch diese sollte von dem Verteidiger der Frau Meier im Interesse seiner Mandantin geschleift werden. In der Erklärung vom 13.11., die sicher auch Eingang in den Schlussvortrag fand, heißt es nämlich weiter:

> *„Sie ist so weit gegangen, dass sie im Dezember 1950 aus dem Dreirad die Zündkerzen herausgeschraubt hat, um Diebesfahrten zu verhindern. Deswegen ist es beinahe zu Schlägen zwischen den Ehegatten gekommen."*

Ein wahrhaft treusorgendes Eheweib! Hans Meiers Ruf bei seinen ehemaligen Bewunderern dürfte aber erheblich unter diesem Verteidigungsvorbringen gelitten haben. Und es wurde nicht besser. Weiter führte der Rechtsanwalt nämlich aus:

> *„Um den Hans Meier von seinem Lebenswandel abzubringen, ist Frau Meier manchmal Nächte mit dem Taxi hinter ihm hergefahren."*

Als Staatsanwalt würde ich jetzt denken, dass das richtig sein mag, aber noch nicht belegt, dass Frau Meier ihren Mann an Diebstählen hindern wollte. Schließlich gab es da gewisse andere Punkte in „seinem Lebenswandel", an deren Verhinderung ihr noch mehr gelegen sein könnte…

> *„Um den Mann heimbringen zu können, hat sie mit dem Taxichauffeur Hans Gleich in Lauf ausgemacht, wenn ihr Mann wieder bei ihm anrufe, dann solle er ihn gleich zu ihr nach Hause fahren. Gleich hat in solchen Fällen die Elfriede Meier zuerst abgeholt, und hat sie dann auf der Straße abgesetzt, so dass sie, wenn er mit Hans Meier gefahren kam, als Anhalter zusteigen und den Mann mit sich nehmen konnte.*
> *All diese Umstände zeigen, dass Elfriede Meier an den Diebstählen durchaus nicht Aktivteilnehmer war, sondern dass sie fortgesetzt bestrebt war, den Mann von seinem Weg abzubringen, soweit ihr Einfluss auf ihn gereicht hat."*

Das alles hört sich gut an. Ein bisschen unrealistisch ist es aber schon. Oder kann man wirklich glauben, dass Meier sich nicht gewundert hat, wenn immer, wenn er mit dem Taxi des Herrn Gleich noch vom Wirtshaus irgendwohin anders hin wollte, seine Frau zufällig als Anhalterin des Weges kam? Und dass er nie kritisch nachgefragt hat, was seine Frau in seiner Abwesenheit eigentlich immer so treibt, wenn sie mitten in der Nacht auf der Straße Autos anhält?

8.4. Das „Klavier der Notlagen" und seine Dissonanzen

Auch die Anwälte der anderen Angeklagten legten sich mächtig ins Zeug. Die Presse stellte fest, dass diese *"meisterhaft auf der Klaviatur der angeblichen Notlage der Angeklagten"* spielten. Wobei sie allerdings umgehend darauf hinwies, dass gegen eine Notlage als Tatmotiv der Umstand sprach, *"dass die Familien damals von dem leicht verdienten Geld nichts zu sehen bekamen. Es wurde ohne Ausnahme durch die Gurgel gejagt."*

Eine andere Argumentation versuchte der Anwalt von Josef Nürnberger. Dieser führte aus, dass sein Mandant wegen des Vorfalls in Güntersthal ohnehin nicht wegen eines Diebstahlsdelikts, sondern nur wegen Volltrunkenheit bestraft werden könne. Davon abgesehen sei Josef Nürnberger *"ein anständiger, ruhiger, fester Charakter, bei dem lediglich die Not und die Verhältnisse die Schuld haben."* Einen Schönheitsfehler hatte diese Argumentationskette. Josef Nürnberger hatte für diesen Verhandlungstag darum gebeten, nicht erscheinen zu müssen. Der Grund seiner Verhinderung: Eine andere Verhandlung, ebenfalls wegen Diebstahls. *"Er wechselt die Kammer, wie andere das Kino"*, schloss daraus ein Journalist.

Gemeinsamkeiten zeigten viele Plädoyers insoweit, als sie offensichtlich weniger versuchten, irgendwelche Tatsachenvorwürfe zu leugnen, sondern darauf abzielten, das Gericht von einer möglichst für ihre Mandanten günstigen rechtlichen Würdigung dieser Tatsachen zu überzeugen. So wurde mehrfach damit argumentiert, dass manches Metall, das den Weg auf die Ladefläche des Dreirads gefunden hatte, niemandem gehörte hätte, also "herrenlos" gewesen wäre. Stehlen kann man aber nur fremde Sachen, also Sachen, die einem anderen gehören. Als Beleg für diese Argumentation wurde in einigen Fällen auch angeführt, dass tatsächlich keine Anzeigen von Bestohlenen erfolgten. Eine weitere Gemeinsamkeit war auch, dass die Anwälte versuchten, die Einbruchsdiebstähle – wenn es denn schon welche gewesen sein sollen – als einfache, und nicht als schwere Diebstähle darzustellen.

Insgesamt scheinen die Anwälte trotz der lichten Reihen im Zuschauerraum ihre Sache nicht schlecht gemacht zu haben. Eine Zeitung meldete nämlich:

> *'Wer die Beweisaufnahme nicht miterlebt hat, konnte bei den Bemühungen ihrer Verteidigung alle Möglichkeiten zugunsten ihrer Mandanten wahrzunehmen, auf den Gedanken kommen, eine ehrbare Versammlung unschuldiger Bürger sei aus Versehen auf die Anklagebank geraten."*

Eigentlich klang das gar nicht so schlecht. Auf die Angeklagten hatten die Ausführungen ihrer Anwälte offensichtlich einen guten Eindruck gemacht. Ihre Gesichter wurden nämlich nach einem Zeitungsbericht *"wieder etwas heller und hoffnungsvoller"*. Nicht vergessen darf man allerdings, dass die IV. Strafkammer die Beweisaufnahme sehr wohl miterlebt hatte. Deshalb würde man erst anhand des Urteils sehen können, ob diese Plädoyers nicht nur die Angeklagten selbst, sondern auch das Gericht, überzeugen konnten.

Keiner der Angeklagten machte übrigens von der Möglichkeit eines eigenen Schlusswortes Gebrauch. Dafür kann es zwei Gründe geben: Entweder man ist sich seiner Sache so sicher, dass man denkt, darauf verzichten zu können. Oder man ist sich so unsicher über die Wirkung, die ein solches eigenes letztes Wort beim Gericht haben könnte, dass man es lieber lässt. Andererseits kann sich Reue und Einsicht, die ein Angeklagter bei seinem eigenen letzten Wort zeigt, durchaus positiv bei der Strafzumessung, also strafmildernd, auswirken. Deshalb kann man durchaus daran zweifeln, ob dieser Verzicht auf das letzte Wort, zumindest bei den "dicken Fischen", die kaum daran zweifeln konnten, dass sie verurteilt werden würden, wirklich weise war. Auch deshalb, da in diesen Fällen wegen der Vorstrafen doch eine erhebliche Gefahr bestand, dass die Kammer ″ordentlich zulangen″ würde, wenn sie keinen Anhaltspunkt dafür hatte, dass die Betreffenden wenigstens zwischenzeitlich ihre Lektion gelernt hatten.

Vielleicht war es den Angeklagten aber auch schlichtweg zu peinlich, vor den mehreren hundert Zuschauern, die alle aus ihrem sozialen Umfeld stammte, in einem solchen letzten Wort ″die Hosen herunterzulassen″? Auch hier lässt sich also wiederum fragen, ob sich die Angeklagten im fernen Nürnberg anders verhalten hätten, und ob sie dort nicht besser weggekommen wären. Nicht, weil das Gericht milder gewesen wäre, sondern weil sie selbst sich einsichtiger gezeigt hätten.

9. Das Urteil

9.1. Spannung am Vorweihnachtstag

Die Urteilsverkündung war für den Tag vor Weihnachten vorgesehen. In der Zeit bis dahin war das beherrschende Thema bei den Friseuren und an den Fleischtheken der Arbeitergemeinde vermutlich die Frage, wie dieses Urteil ausfallen würde. Würde das Gericht alle Angeklagten verurteilen? Oder würden einige freigesprochen werden? Und wenn es Freisprüche geben würde: Wer würden die Glücklichen sein? Würden diejenigen, die in Untersuchungshaft saßen, Strafen bekommen, die durch diese Haft bereits abgegolten waren und deshalb nach der Verhandlung nach Hause gehen können? Oder würden sie auch danach wieder in das Gefängnis zurück müssen? Und welche Freiheitsstrafen würden die Haupttäter bekommen?

Am 23. Dezember würde man Klarheit haben. Die Presse vermeldet in den Weihnachtsausgaben des Jahres 1952, dass die Urteilsverkündung *"genau um 9 Uhr 5 Minuten"* begann. Auch berichtet sie, dass die Urteilsverkündung durch Landgerichtsdirektor Dr. Grüber *"unter atemloser Stille der Zuhörer aus Röthenbach"* erfolgte.

9.2. Die lange Einleitung zur Verurteilung von Hans Meier

Weniger knisternde Atmosphäre herrscht, wenn man Jahrzehnte später das Urteil nachliest. Wer nämlich denkt, die, von allen Zuhörern ungeduldig erwarteten Strafen für die Angeklagten, würden sich aus der ersten Seite des Urteils ergeben, irrt. Dieses beginnt nämlich, wie üblich zuerst mit dem Schuldspruch. Und das ist eine sehr technische Angelegenheit und noch nicht der Strafausspruch. Für Hans Meier lautet der Schuldspruch unter anderem:

"Es sind schuldig:
1) Der Angeklagte Hans Meier
neuner Verbrechen des gemeinschaftlich begangenen schweren Diebstahls nach §§ 242, 243 Abs. I Ziffer 2, 47[32] StGB in den Fällen 2, 5, 12 mit 14 und 18,

---

[32]Für juristisch Interessierte, die die entsprechenden Gesetzesstellen möglicherweise nachlesen wollen sei gesagt, dass sich diese Angaben auf das StGB (Strafgesetzbuch) in der Fassung von 1951 beziehen. Deshalb finden sich manche vom Gericht angewandte Vorschriften heute an anderer Stelle im StGB. Nach wie vor unter derselben "Hausnummer" im Gesetz findet man jedoch den "normalen" Diebstahl (also unter § 242).

eines Verbrechens des gemeinschaftlich begangenen schweren Diebstahls nach §§ 242, 243 Abs. I Ziffer 3, 47 StGB
eines Verbrechens zur Verabredung eines Verbrechens des schweren Diebstahls nach §§ 242, 243 Abs. I Ziffer 2, 49 1 StGB im Fall 6,
vierer Vergehen des gemeinschaftlich begangenen Diebstahls nach §§ 242, 47 StGB in den Fällen 3, 7 und 9,
vierer Vergehen der Hehlerei ...."

Der Text dieser Ausführungen alleine zu Hans Meier, geht noch um einiges weiter. Am Ende füllt allein dieser Teil gut eine Seite, die aus nichts anderes besteht als aus der Aufzählung von für den Laien unverständlichen, mitunter sprachlich unschönen Rechtsbegriffen ("Verbrechen der Verabredung eines Verbrechens") und Fundstellen von Paragraphen. Und hinterher weiß man immer noch nicht, zu welcher Strafe hier jemand verurteilt wird. Diese findet sich nämlich erst einige Seiten weiter. Und auch hier weiß man nicht sofort, was eigentlich Sache ist, sondern muss sich erst durch zwei Seiten lesen und am Ende noch eine Textaufgabe lösen, indem man die dort genannten Gesamtstrafen zusammen addiert.

Da möchte man doch beherzt ausrufen: Die spinnen, die Juristen! Das kann man durchaus so sehen. Wenn man allerdings in einem Rechtsstaat leben möchte und sich auch die Mühe macht, zu überlegen, wie ein solcher Staat wohl funktionieren muss, dann wird man verstehen, warum das alles so formuliert wird. Für den Laien mag diese Formenstrenge kalt, emotionslos und unverständlich wie aus einer Formelsammlung klingen, sie hat aber durchaus ihren Sinn. Schließlich soll der Verteidiger, wenn er überprüft, ob er Rechtsmittel gegen das Urteil einlegt werden soll, nach einem einheitlichen Schema vorgehen können und nicht überlegen müssen, welche spezielle Technik für den Aufbau der Urteile der jeweilige Richter benutzt. Dasselbe gilt für das Obergericht, wenn es über ein Rechtsmittel entscheidet. Richter können ihre kreativen Vorlieben im Privatleben ausleben. In Urteilen ist solche Kreativität jedoch meist fehl am Platze. Da geht es um den Rechtsstaat und die Möglichkeit einer möglichst nachvollziehbaren Kontrolle staatlicher Entscheidungen. Was eine gewisse Einheitlichkeit des Vorgehens erfordert. Deshalb ist der Rechtsstaat manchmal reichlich langweilig. Und Strafurteile in Verfahren gegen eine so große Anzahl von Angeklagten so unübersichtlich.

Nach dieser eher technischen Aufzählung kann man in dem Urteil also noch lange nicht lesen, für wie viele Jahre nun Hans Meier hinter Gitter musste. Schließlich muss in dem Urteil zuerst festgestellt werden, ob und wie sich die anderen Angeklagten strafbar gemacht haben. Und das dauert halt ein bisschen bei der Anzahl von Angeklagten, um die es hier ging. Aber schließlich haben sie das gleiche Recht wie der Hauptangeklagte: Deshalb ist in dem Urteil als nächstes zu klären, ob und gegebenenfalls wegen welcher Delikte sich die anderen Angeklagten strafbar gemacht haben.

Von Hans Meier ist deshalb im Urteil erst geschlagene fünf Seiten später wieder die Rede. Und dort erfährt man dann, wenn man die drei gesondert genannten Gesamtstrafen zusammenzählt, dass Meier zu nicht weniger als siebeneinhalb Jahren Zuchthaus verurteilt wurde. Daneben noch zum Entzug der bürgerlichen Ehrenrechte. Außerdem wurde angeordnet, ihn nach Verbüßung seiner Strafhaft unter Polizeiaufsicht zu stellen. Damit blieb das Gericht bezüglich Meier nur etwas unter dem Antrag des Staatsanwalts. Womit feststand, dass das Plädoyer des Verteidigers in diesem Fall wohl nicht viel geholfen hat.

Das Urteil ist also, was die Strafe für Hans Meier angeht, bemerkenswert. Dasselbe lässt sich jedoch auch für die ausführliche Begründung sagen. Diese lässt nämlich erkennen, dass es sich das Gericht keineswegs einfach gemacht hat, "für jeden Topf seinen Deckel" zu finden. Bei aufmerksamer Lektüre stellt man nämlich fest, dass das Gericht versucht hat, jedem der Angeklagten individuell gerecht zu werden. Insbesondere trennte das Gericht deutlich zwischen "alter Kundschaft" mit vielen Vorstrafen und wenig Reue, und solchen Beteiligten, die eher aufgrund der Umstände und verlockt durch das aufwendige Leben von Hans Meier in die ganze Sache hineingerutscht waren und die das Gericht noch für korrigierbar hielt.

Und auch über Hans Meier war, trotz der harten Strafe, in dem Urteil einiges an Positivem zu lesen. Tatsächlich wurden nämlich auch Argumente, die zu seiner Verteidigung vorgebracht worden waren, berücksichtigt. So fand seine Persönlichkeit in dem Urteil eine wesentlich differenziertere Betrachtung als beispielsweise in den verschiedenen Presseartikeln, in denen er auflagenfördernd auf den immer durstigen und nimmersatten Lebemann reduziert wurde. Dazu weiter unten mehr.

9.3. Röthenbach in den Augen des Gerichts

Bevor auf die Feststellung des Urteils speziell zu Hans Meier eingegangen wird, ist es aber von Interesse, sich die Ausführungen anzusehen, die das Gericht einleitend bezüglich der Strafzumessung für alle Angeklagten gemacht hat. Diese enthalten nämlich auch einige allgemeine Feststellungen des Gerichts zu den damaligen Verhältnissen in Röthenbach, aber auch zu den beteiligten Röthenbachern und zum Ablauf der von ihnen begangenen Taten. Zuerst geht das Gericht noch einmal darauf ein, wie sich aus seiner Sicht die damalige allgemeine Situation in Röthenbach darstellte. Die diesbezüglichen Ausführungen decken sich teilweise mit Dingen, die an anderer Stelle schon erwähnt wurden und den damaligen Presseberichten. In manchen Teilen sind sie jedoch detaillierter.

Außerdem dürften diese gerichtlichen Ausführungen aus Sicht der Röthenbacher Lokalgeschichte auch einen erheblichen historischen Wert haben. Deshalb werden sie nachfolgend im Wortlaut wiedergegeben, auch auf die Gefahr hin, dass einiges dem Leser wegen der einleitenden Beschreibung der damaligen Situation in Röthenbach schon bekannt vorkommt:

"Zur Strafzumessung ist folgendes im Allgemeinen auszuführen:
Der Metallboom in der Zeit nach der Währungsreform und insbesondere nach Ausbruch des Koreakrieges, sowie die besonderen örtlichen Verhältnisse in Röthenbach bilden den Hintergrund für die Straftaten der Angeklagten. Die Preise für Altmetall insbesondere für Kupfer und Blei waren enorm angestiegen. Aus dem Depot in Röthenbach fielen erhebliche Mengen dieser Metalle an. Deswegen wurden in dem kleinen Röthenbach viele Kleinhandelsunternehmen gegründet, die das gesammelte Metall aufkauften. Da jedes dieser Unternehmen während der Blütezeit große Umsätze erzielte, fiel es nicht schwer, auch gestohlenes Altmetall abzusetzen, weil solche Gegenstände neben den regulär gesammelten, teilweise ebenfalls sehr wertvollen Metalle weder der Menge noch der Art nach der Art nach auffielen"

Hier wird also nochmals klar, warum der An- und Weiterverkauf der gestohlenen Metalle sowohl für Verkäufer wie auch die ankaufenden Metallhändler relativ risikolos war. Die schiere Masse an Altmetall, das legal angeboten wurde, machte es leicht, darunter illegal erworbene Mengen zu verstecken. Danach ging das Gericht auf allgemeine Umstände ein, die bei den Angeklagten insgesamt, vorlagen. Dabei behandelt es auch Umstände, die sich im Ergebnis strafverschärfend ausgewirkt haben.

"In der Einleitung ist bereits hervorgehoben, dass eifrige Sammler durchschnittlich einen guten Tagesverdienst erzielen konnten, der ihnen eine befriedigende Lebenshaltung ermöglicht. Nicht nur die Angeklagten Hans Meier und Frau Meier konnten bei den großen Umsätzen ihres kleinen Handelsgeschäftes gut und auskömmlich leben, sondern auch die übrigen Angeklagten hätten selbst in Zeiten der Arbeitslosigkeit keine Not zu leiden brauchen, wenn sie auf ehrlichen Wege sich mit dem Sammeln von Altmetall beschäftigt hätten."

Der letzte Absatz berührt eine noch unbeantwortete Frage im Zusammenhang mit den Gogerern, die auf dem Diehl-Gelände Altmetall sammelten. Die Firma Diehl selbst hatte ja während des Röthenbacher Prozesses ausdrücklich betont, dass man das Gelände gerade nicht zum Altmetallsammeln freigegeben hatte. Dafür, dass das Sammeln von Altmetall auf dem Gelände des ehemaligen 3rd Army Metal Collecting Point nicht als legal angesehen wurde, sprechen auch die Erinnerungen von Zeitzeugen: Anlässlich eines Vortrages des Autors etwa berichtete eine Röthenbacherin davon, dass sie als Kind mit ihrer Mutter beim Gogern erwischt worden sei und dann des Geländes verwiesen worden wäre. Weitere Sanktionen scheint es aber in diesem Fall nicht gegeben zu haben. Ein anderer Zeitzeuge erzählte demgegenüber, dass Männer, die von den Wächtern beim Gogern erwischt wurden, auf LKWs verladen und dann etliche Kilometer von Röthenbach entfernt abgesetzt worden seien, so dass sie zu Fuß wieder zurücklaufen mussten. Beide Berichte sprechen dafür, dass das Gogern als nicht legal angesehen wurde, da man andernfalls ja keine Handhabe gehabt hätte, die Gogerer zu vertreiben. Andererseits aber scheint auch niemand wirklich an einer Strafverfolgung der Gogerer interessiert gewesen zu sein.

Die IV. Strafkammer des Landgericht scheint demgegenüber der Auffassung gewesen zu sein, dass das Gogern ein *"ehrlicher Weg"* gewesen war *"sich mit dem Sammeln von Altmetall zu beschäftigen"*. Dann überlegt das Gericht, ob sich aus der Gesamtsituation und auch den Umständen der einzelnen Diebstähle nicht möglicherweise Strafmilderungsgründe für alle Angeklagten ergeben. Im Ergebnis verneint es dies jedoch:

> *"Das Stehlen wurde zwar dadurch erleichtert, dass der Absatz der Diebesbeute keinerlei Schwierigkeiten machte, im Übrigen lassen sich aber aus den erörterten Umständen keinerlei Strafmilderungsgründe für die Angeklagten herleiten. Es kann auch nicht gesagt werden, dass die Diebstähle als weniger schwerwiegend erscheinen, weil es sich ja nur "um Altmetall" handelte. Lediglich in einigen wenigen Fällen wurde Metallabfall gestohlen, wie z.B. in Güntersthal. Aber auch dort handelt es sich, wie den Angeklagten bekannt war, um Material für die Herstellung von Bronze. Dass sie aber meist Kupferkabel oder bereits gefertigte Gegenstände aus Kupfer und Blei, Messing oder Aluminium entwendeten, um es als bloßes Altmaterial wieder in den Handel zu bringen, dass sie solche Erzeugnisse zu diesem Zweck sogar unbrauchbar machten, muss als volkswirtschaftlich besonders schädlich und daher als verwerflich erscheinen. Es handelte sich auch fast durchwegs nicht um geringe Mengen, zumeist wurde das Material zentnerweise erbeutet."*

Das Gericht begnügt sich also nicht damit, festzustellen, dass etwas gestohlen wurde, sondern es untersucht genau, was gestohlen wurde und welche negativen Konsequenzen das für die Allgemeinheit hatte. Mit dem Ergebnis, dass es hier keinesfalls um den Diebstahl von wertlosem Abfall ging. Ein Umstand, der sich, gerade in der Zeit steigender Metallpreise während des Korea-Krieges, auch bei der Strafzumessung bemerkbar machen sollte.

9.4. Drei Arten von Tätern

Nach dem es beschrieben hatte, welche Umstände es bei allen Angeklagten berücksichtigt hatte, stellte das Gericht aber auch klar, dass es die Angeklagten nicht über einen Kamm geschert, sondern vielmehr berücksichtigt hatte, dass es sich um Angeklagte mit ganz unterschiedlichen Charakteren und Vorgeschichten handelte:

> *"Nach Ansicht des Gerichtes zerfallen die Angeklagten in drei Gruppen. Die erste Gruppe bilden die Organisatoren und Initiatoren. Dazu gehören die Angeklagten Hans Meier, Herbert Schulz und hinsichtlich seines eigenen Tatkreises der Angeklagte Manfred Schulz. Zu einer Gruppe von "Mitläufern" gehören dagegen die Angeklagten Nürnberger, Walden, Dröll[33], Boekh[34], Klemper, Müde[35], Huber, Andreas und Ulrich Blank, Noak, Hartmann und Ernst Schneider. Zwischen diesen beiden Gruppen stehen die Angeklagten Peter Schulz, Elmar Wickert, Karl Sörgel und Ralf Wagner. Diese haben teilweise Diebstahlgelegenheit ausgekundschaftet und Anregungen für die Begehung von Diebstählen gegeben, teils sind auch sie nur hinzugezogen worden. Die Angeklagten Sonja Meier, Bärbel Meier und Elfriede Schneider nehmen eine besondere Stellung ein."*

Das Gericht schaffte es also, trotz der Vielzahl an Tätern den Überblick zu behalten und Ordnung in das scheinbare Durcheinander zu bringen. Dabei hob es insbesondere hervor, dass die drei weiblichen Hauptfiguren, eine Sonderstellungen unter den Tätern einnahmen. Dann machte es einige allgemeine Ausführungen zu den sogenannten Mitläufern:

> *"Bei den so genannten Mitläufern ist allgemein strafmildernd zu berücksichtigen, dass sie aus nächster Nähe mitansehen konnten, welche Gelder durch den Handel mit Altmetall und durch die Diebstähle der Haupttäter verdient wurden. Sie erleb-*

---

[33] Dieser Angeklagte wurde bislang noch nicht erwähnt.
[34] Dieser Angeklagte wurde bislang noch nicht erwähnt.
[35] Dieser Angeklagte wurde bislang noch nicht erwähnt.

ten, wie insbesondere Hans Meier das leicht verdiente Geld verschwendete, dass die-
ser und Herbert Schulz wahre Orgie mit Alkohol und fremden Frauen feierten.
Dadurch wurden die zumeist jüngeren Menschen angezogen und anfällig gemacht, so
dass sie einer an sie herangetragenen Versuchung, bei Diebstählen mitzuwirken, bei
ihrer Charakterschwäche umso leichter erlagen."

Bezüglich der „Hineingerutschten" zeigte sich das Gericht also sehr ver-
ständig und milde.

9.5.   Ein differenziertes Bild von Hans Meier

Die Ausführungen zur Strafzumessung bezüglich Hans Meiers lesen sich
dagegen auf den ersten Blick eher streng. Bei genauer Lektüre stellt man
jedoch fest, dass das Gericht durchaus auch positive Seiten an seinem
Charakter fand:

"Der Angeklagte Hans Meier war der Mittelpunkt für den Ablauf des Gesamt-
geschehens. Er verfügte sicher über ein großes Maß verbrecherischer Energie und
Hemmungslosigkeit. Seine zentrale Stellung erklärt sich aber nicht nur daraus. Er
war für die Durchführung jedes großangelegten Diebstahles unentbehrlich, denn er
besaß den Wagen, mit dem zum Tatort gefahren und das Diebesgut abtransportiert
werden konnte. Er war auch der Händler, der in der Lage war, den Absatz der
Beute zu bewerkstelligen. Nicht selten wurden deshalb Diebstahlsgelegenheiten ihm
mitgeteilt. An ihnen wurden sogar Anregungen zum Diebstahl herangetragen, ja es
wurde sogar gefordert, dass er eine gemeinschaftliche Diebesfahrt unternehme. Immer
war er willig und bereit, solchen Anregungen zu entsprechen."

Anders als der Staatsanwaltschaft sah also das Gericht Hans Meier nicht
als den ausschließlichen Motor, sondern erkannte an, dass die Anregungen
für Diebstähle häufig von anderen ausgingen. Mancher Zuhörer hatte den
Verteidiger von Meier sicher belächelt, als dieser seinen Mandanten als
gutmütigen und freigiebigen Menschen beschrieben hatte, der nicht durch
einen verbrecherischen Charakter, sondern durch die Aussicht auf eine
"Sauferei" zu den Diebesfahrten bewegt wurde. Jetzt sah man jedoch,
dass diese Argumentation Früchte trug. Das Gericht fand sogar noch weitere positive Seiten an Hans Meier:

"Dabei sprach aber nicht nur seine Labilität und Triebhaftigkeit mit, teilweise
war es auch seine Gutmütigkeit, die ihn veranlasste, den Wünschen anderer nach-
zukommen. Wenn die anderen ihm klagten, dass sie kein Geld mehr besäßen, dann
konnte er sich dem nicht verschließen; manchmal war er sogar im Stande auf seinen

eigenen Anteil an der Diebesbeute zu verzichten. Mit Recht weist er auch darauf hin, dass er sich nach den ersten Diebstählen und ihrem Bekanntwerden in seinen Kreisen zu stark verstrickt fühlte, um noch irgendwie hemmend den Ablauf des weiteren Geschehens entgegenzuwirken. Die dem Grundzug seines Wesens bildende Labilität wird vor allem dadurch gekennzeichnet, dass er sich unter straffer Führung und Leitung reibungslos in ein bestehendes Ordnungssystem einzufügen vermag. So hat er sich sowohl als Soldat als auch im Strafvollzug einwandfrei verhalten. Auch von sich aus hat er durch Ablehnung der Prüfung als Schreinermeister im Jahr 1947 Ansätze zur Bewährung im Gemeinschaftsleben gezeigt.

Zu seinen Gunsten spricht, dass er sich offen zu seinen Taten bekannt und damit eine gewisse Schuldeinsicht bewiesen hat."

Soweit diese positiven Ausführungen. Nach Auffassung des Gerichts war also Hans Meier zwar labil, wäre aber unter anderen Umständen, insbesondere wenn er sich in einem straff geführten System befunden hätte, wohl kaum straffällig geworden. Sein Pech war somit, dass weder die damaligen Zeiten noch Röthenbach solche festen Rahmenbedingungen boten. Danach befasst sich das Gericht mit den negativen Seiten von Hans Meier:

"Erschwerend fällt bei dem Angeklagten Hans Meier folgendes ins Gewicht: Er befand sich in günstigen wirtschaftlichen Verhältnissen als er seinen Straftaten beging. Das Handelsgewerbe seiner Frau warf einen großen Gewinn ab, auch ohne dass der Umsatz durch unreelle Geschäfte noch vermehrt zu werden brauchte. Er war auch durchaus ausbaufähig. Zudem besaß er die finanzielle Unterstützung seiner Mutter und seines Stiefvaters. Aus einer maßlosen Verschwendung- und Trunksucht und aus seinem Hang zu Frauen hatte er die Straftaten begangen und seine Einnahmen aus diesen sinnlos verprasst."

Hier wiederholt das Gericht also bezüglich Hans Meier das, was es schon allgemein zu allen Angeklagten gesagt hatte: Keiner von ihnen hätte ohne die Straftaten leiden müssen. Dann widmet es sich dem Einfluss, den er auf seine wesentlich jüngere Frau, aber auch auf die von ihm angeworbenen Mittäter besaß. Dabei findet das Gericht auch eine Erklärung für die denkwürdige Vermischung von Sauftour und Straftaten. Nach Ansicht der Richter hatte dieses Vorgehen nämlich durchaus System und wurde von Hans Meier zielgerichtet dazu eingesetzt, um neue Mittäter anzuwerben, die unter anderen Umständen wohl nicht zu einem Diebstahl zu bewegen gewesen wären.

"Bedenkenlos hat er seine junge Frau in die Straftaten mit hineingezogen und sie damit auf die schiefe Bahn gebracht. Auch sonst hatte den Täterkreis mehrfach erweitert, in dem er zumeist junge Menschen in die Straftaten mit verwickelte. Er tat dies in einer verwerflichen Art, denn wiederholt machten er und Herbert Schulz ihnen vor, dass es sich um Vergnügungsfahrten handelte. Erst unmittelbar vor der Tatausführung wurden sie eingeweiht, fast immer erfolgte eine größere Trinkerei, die nicht nur die Widerstandskraft der auf diese Weise Hinzugekommenen schwächte, sondern ihnen auch vor Augen führte, auf wie leichte Art Geld verdient werden konnte. Weiterhin wiegen schwer, die Häufigkeit der Straftaten in einem sehr kurzen Zeitraum und die bei mehreren Diebstählen an den Tag gelegte Dreistigkeit in der Durchführung. Schließlich ist der Angeklagte Hans Meier sehr erheblich, darunter auch einschlägig, vorbestraft; am Diebstahlsrückfall ist er nur nahe vorbeigekommen."

Unter Berücksichtigung all dieser Umstände waren dem Angeklagten Hans Meier, soweit Verbrechen des Diebstahles in Betracht kommen, mildernde Umstände zu versagen."

Hart, aber vermutlich doch gerecht.

9.6.   So sieht „Im Zweifel für den Angeklagten" in der Praxis aus

Auch ansonsten mischen sich in dem Urteil bezüglich Hans Meier negative und positive Dinge. Dieser hatte ja im Laufe des Verfahrens verschiedene Argumente zu seiner Verteidigung vorgebracht. Im Anklagefall 1, bei dem es um den Ankauf von Drähten, die Karl Sörgel und Elmar Wickert zusammen mit dem nichtangeklagten Heinz Hartmann von der Stichleitung in der Nähe von Schwaig geholt hatten, ging, hatte Hans Meier sich damit verteidigt, dass er annahm, ihm wäre Draht angeboten worden, der erlaubter Weise aus einer alten Flakstellungen gegogert worden war. Sein Fahrer Martin Gehr, der die anderen Angeklagten mit dem Draht bei Schwaig abgeholt hatte, wiederum hatte damit argumentiert, dass er nicht wusste und auch nicht wissen musste woher der Draht, den die anderen aufluden, stammte. Hierzu meint das Gericht knapp:

"Die Einlassungen der Angeklagten lassen sich nach den Umständen des Falles nicht hinreichend widerlegen."

Sowohl Meier wie auch Martin Gehr wurden also wegen dieses Vorgangs nicht verurteilt, sondern nach dem Grundsatz "Im Zweifel für den Angeklagten" von diesem Tatvorwurf freigesprochen.

9.7.   Das Gericht zur Uhrenfabrik Köhler

Bezüglich der Tat in Schwaig war die Verteidigungsstrategie des Meier also erfolgreich. Wie aber würde das Gericht die Vorgänge in der Uhrenfabrik Köhler bewerten? Hier hatte Meier sich ja zum einen darauf berufen, dass dies keineswegs einen Einbruchsdiebstahl war, da der dortige Zaun schon von Liebespaaren, die auf dem Fabrikgelände ein ruhigeres Fleckchen suchten, umgedrückt worden sei. Außerdem hatte er bestritten, dass es sich bei dieser Tat um einen Rückfall im rechtlichen Sinne gehandelt habe, da er zu ihrem Zeitpunkt seine letzte Strafe wegen Diebstahles schon seit mehr als zehn Jahren verbüßt hatte.

Bezüglich des Zauns ging seine Verteidigung ins Leere. Das Gericht führt dazu kurz und bündig aus:

"Denn dadurch, dass sich die Angeklagten unter der Querlatte im Zaun bücken mussten, um in das Fabrikgelände einzudringen, sind sie in einen umschlossenen Raum eingestiegen, aus dem dann gestohlen wurde. Dass der Zaun in einigem Abstand von der Lücke, wie der Angeklagte behauptet, auf einer kürzeren Strecke überhaupt völlig umgelegen war, ist durch die glaubhafte Bekundung des Zeugen Birkner widerlegt."

9.8.   Akten in der DRR verhindern Verurteilung wegen Rückfalls

Länger setzte sich das Gericht mit den Argumenten von Hans Meier auseinander, mit denen er nachweisen wollte, dass er nicht wegen eines Rückfalls bestraft werden konnte. Voraussetzung für einen Rückfall, bei dem eine härtere Strafe verhängt worden wäre, wäre gewesen, dass Hans Meier den Diebstahl in der Uhrenfabrik Köhler zu einem Zeitpunkt begangen hatte, in dem seit der Verbüßung seiner letzten Strafe wegen Diebstahles noch keine zehn Jahre vergangen waren. Hierzu meinte das Gericht:

"Der Angeklagte Hans Meier konnte dagegen nicht als rückfälliger Dieb verurteilt werden. Der Angeklagte hat zwar eine zweite Vorstrafe wegen Diebstahles von einem Jahr und vier Monaten Gefängnis im Jahr 1938 erlitten. Entgegen dem Eröffnungsbeschluss konnte jedoch nicht festgestellt werden, dass er diese bis Anfang 1941 verbüßt hat. Meier selbst behauptet, dass er schon 1940 aus der Strafhaft entlassen worden sei, ohne dass sie jedoch einen genauen Zeitpunkt angeben kann. Diese Einlassungen lassen sich nicht widerlegen, da die Akten des Amtsgerichtes

134

Oebisfelde nicht erreichbar sind. Demgemäß war nicht auszuschließen, dass zwischen der Verbüßung der Strafe und der hier in Betracht kommenden Straftat mehr als zehn Jahre verstrichen waren. Dies aber schließt nach § 245 StGB[36] die Anwendung der Rückfallvorschrift aus."

Hans Meier war also einer noch härteren Strafe entgangen, weil ihm nicht nachzuweisen war, dass er zehn Jahre vor der Begehung des Diebstahls in der Uhrenfabrik noch wegen eines anderen Diebstahles in Strafhaft saß. Da stutzt der Leser und überlegt, wie es denn sein kann, dass das Gericht nicht feststellen konnte, wann Hans Meier in dieser anderen Sache aus der Haft entlassen wurde?

Die Antwort liegt wiederum in den damaligen Verhältnissen. Die Stadt Oebisfelde[37] liegt nämlich in Sachsen-Anhalt, also in der damaligen DDR. Die Akten über diese vorherige Verurteilung von Hans Meier und seine anschließende Haft während des Zweiten Weltkriegs waren also für das Nürnberger Gericht unerreichbar. Deshalb musste es, wiederum nach dem Grundsatz "Im Zweifel für den Angeklagten", davon ausgehen, dass Hans Meier mit seiner Behauptung recht hatte und schon 1940 aus dem Gefängnis entlassen worden war.

9.9.   Kabel, die keinem gehören?

Auch bezüglich des Kabeldiebstahles in Treuchtlingen, der mit dem Besuch dreier Gaststätten intensiv, wenn auch vielleicht nicht sehr zweckmäßig, vorbereitet worden war, hatte Hans Meier ein Argument, das ihn vor einer Verurteilung bewahren sollte. Hier hatte er ja zugegeben dass er Kabel mitgenommen hätten. Jedoch wäre dies herrenloses Kabel gewesen, das niemanden mehr gehört und (wie der Jurist sagt) "in Niemandes Gewahrsam gestanden" hätte. Aus heutiger Sicht mag dies wie eine übliche Schutzbehauptung klingen. Vermutlich war es das auch. Andererseits muss man zugestehen, dass damals, nach dem Zweiten Weltkrieg, einiges an wertvollem Metall herumlag, das man straffrei an sich nehmen und auch verkaufen konnte. Was aber sagt das Gericht dazu?

"Die Angeklagten geben den festgestellten äußeren Sachverhalt im Wesentlichen übereinstimmend zu. Die Verteidigung macht jedoch geltend, dass das Kabel herren-

---

[36] Gemeint ist die damalige Fassung des Strafgesetzbuches.
[37] Seit 1. Januar 2010 Oebisfelde-Weferlingen.

los gewesen und in Niemandes Gewahrsam gestanden habe. Die Angeklagten seien sich daher nicht bewusst gewesen, sich fremdes Eigentum anzueignen oder fremden Gewahrsam zu brechen. Dem vermag jedoch das Gericht nicht zu folgen."

Das Gericht war also anderer Meinung als Meier. Als ordentliches deutsches Gericht[38] hat es auch ausführlich begründet, warum es zu diesem Ergebnis kam. Dazu war es verpflichtet, da in Deutschland der sogenannte Begründungszwang das Gegengewicht zur richterlichen Freiheit darstellt. Die Idee dahinter ist, dass ein Richter, der ja eine fast unbeschränkte Unabhängigkeit genießt, zumindest erklären soll, warum er zu einer bestimmten Entscheidung kommt. Das mag für Richter eine lästige Sache sein, die meisten nehmen diese aber sehr ernst. Dies sieht man auch in diesem Fall an den ausführlichen Ausführungen, mit denen das Gericht begründet, warum es der Verteidigung hier nicht gefolgt ist:

"Das Gericht sieht es als ausgeschlossen an, dass das Kabel der Wehrmacht oder einer anderen nach dem Zusammenbruch aufgelösten Organisation gehört habe. Denn dann wäre es jedenfalls bis Mitte des Jahres 1950 von einer Nachfolgeorganisation oder einer sonst damit beauftragten Stelle erfasst worden. Das Kabel hat also einen Eigentümer gehabt. Dass dieser sein Eigentum aufgegeben hätte, ist nach der Überzeugung des Gerichtes wegen der Größe und dem hohen Wert nicht anzunehmen. Wenn der Eigentümer das Kabel zeitweise aus den Augen verloren haben sollte, und deshalb nicht in der Lage war, die tatsächliche Herrschaft darüber auszuüben, so stand der Gewahrsam zumindest bei der Bundesbahn. Das ergibt sich daraus, dass das Kabel unmittelbar neben den Gleisanlagen, also im Herrschaftsbereich der Bundesbahn lag. Die Angeklagten waren sich aber auch bewusst, dass die Zueignung rechtswidrig war. Sie hätten sonst nicht die Nachtstunden zur Tatausführung gewählt und einen Aufpasser aufgestellt."

Vielleicht sind Wortwahl und Satzkonstruktion etwas gewöhnungsbedürftig. Im Ergebnis kann man aber wohl auch als Nichtjurist dem Gericht zustimmen: Dadurch, dass nach einem Krieg wertvolle Sachen in der Gegend herumliegen, hat der Eigentümer nicht unbedingt seinen Willen zum Ausdruck gebracht, dass jeder sie mitnehmen kann. Und: Wer denkt, dass es anders wäre, würde vermutlich nicht bis Einbruch der Dunkelheit warten, um diese Sachen mitzunehmen. Der Fall Treuchtlingen war nicht das einzige Mal, dass sich Angeklagte damit verteidigt hatten, dass das Metall, das sie mitgenommen und später auch verkauft hatten, sozusagen

---

[38] Gerichte anderer Länder sehen das übriges etwas anders.

"vogelfrei" war. Ein ähnliches Argument wurde er auch im Fall Güntersthal vorgetragen. Das Gericht hat, wie es seine Aufgabe ist, auch dieses Argument ernst genommen und seine Meinung dazu ausführlich begründet:

> *"Dass die Kabelleitung durch Kriegseinwirkung teilweise zerstört und zeitweise außer Betrieb gesetzt war, ist deshalb ohne Bedeutung, weil eine auf solche Weise erzeugte Außerbetriebbesetzung keine Entwidmung der Leitung vom öffentlichen Dienst bedeutet (OLG Hamm in JZ 51/346; Forsthoff Lehrbuch des Verwaltungsrecht I, Nr. 50 S. 278). Dass diese Widmung im Gegenteil noch fortbestand, erkannten die Angeklagten daraus, dass zumindest das eine Kabelende der zusammengehörenden Leitungen isoliert und verbleit war. Daraus war zu entnehmen, dass die Post die Leitung vor Witterungseinflüssen und sonstigen Einwirkungen schützen wollte, um sie bei gegebener Zeit wieder zu verwenden. Die Angeklagten haben sich also eines Verbrechens des gemeinschaftlich begangenen schweren Diebstahles gemäß §§ 242, 243, 47 S. BGB in Verbindung mit § 17 des Gesetzes über den Verkehr mit unedlen Metallen schuldig gemacht."*

Vermutlich ist das für Laien wieder so eine juristische verquaste Begründung. Deshalb einige ergänzende Erläuterungen: Die Angaben in Klammern sind Verweise auf Belegstellen, auf die sich das Gericht bezieht. "OLG Hamm" heißt nichts anderes als „Oberlandesgericht Hamm"; "JZ" nichts anderes als „Juristenzeitung". Außerdem wird ein Lehrbuch des Verwaltungsrechts angeführt, dessen Autor allerdings eine unrühmliche Vergangenheit hatte. Ernst Forsthoff, der das Verwaltungsrechtslehrbuch geschrieben hatte, auf das sich das Gericht bezog, war früher Mitglied der NSDAP, schrieb 1933 die Schrift "Der totale Staat", in die er das Führerprinzip und die Diskriminierung und Verfolgung der Juden verteidigte. Später hatte er sich vom Nationalsozialismus abgewandt und nahm verschiedene öffentlichen Funktionen wahr. Unter anderem war er einer der führenden Kommentatoren des Grundgesetzes der Bundesrepublik Deutschland und Präsident des zyprischen Verfassungsgerichtes. Ein widersprüchliches Juristenleben, wie es damals bei der Generation, die im III. Reich Karriere machte und diese dann in der Bundesrepublik fortsetzten, viele gab.

Ansonsten hat das Gericht eigentlich nur gesagt, dass man bei teuren Metallkabeln, die noch dazu offensichtlich besonders haltbar gemacht wurden, nicht davon ausgehen kann, dass niemand sie mehr abholen mag. Weshalb man damit rechnen muss, bestraft zu werden, wenn man diese mitnimmt.

9.10. „Außer Spesen nichts gewesen" =strafbefreiender Rücktritt?

Wie aber würde das Gericht die dritte, vergebliche Fahrt zu den Eckartwerken in Güntersthal werten? Hier war es ja so gewesen, dass Hans Meier und seine Komplizen unverrichteter Dinge wieder abgezogen waren, weil in der Fabrik nachts gearbeitet wurde. Wieso sollten sie deswegen verurteilt werden? Schließlich war ja kein Schaden entstanden. Andererseits hätte der Abend, wenn es nach den Röthenbachern gegangen wäre, ein ganz anderes Ende gefunden. Was sagt das Strafgesetzbuch wohl zu diesen Fällen?

Hans Meier und seine Komplizen wurden wegen dieser Unternehmung verurteilt, jedoch nicht wegen eines vollendeten Diebstahls, sondern wegen *"Verabredung eines Verbrechens des schweren Diebstahls nach § § 242, 243 I 2, 49 a StGB"*. Hierfür reichte es aus, dass die Angeklagten sich zu einer solchen Tat verabredet haben. Im Übrigen verneinte das Gericht einen strafbefreienden Rücktritt, da ein solcher Rücktritt freiwillig sein muss. Davon kann jedoch nicht die Rede sein, wenn eine Tat lediglich deswegen aufgegeben wird, weil die Verhältnisse vor Ort nicht so sind, wie man sie sich vorgestellt hat.

Das Gericht hat sich also erhebliche Mühe gemacht um sein Urteil zu begründen. Das muss es in einem Rechtsstaat aber auch. Wer etliche Jahre ins Gefängnis muss, soll schließlich auch nachlesen können, warum.

9.11. Herbert Schulz in den Augen des Gerichts

Hans Meier war also, wie es eine Zeitung ausdrückte, mit etlichen weiteren Jahren Gefängnis *"versorgt"*. Wie aber erging es den anderen Angeklagten, insbesondere Meiers ehemaligem Partner und späterer Gegenspieler Herbert Schulz? Auch hier hat sich das Gericht differenzierte Gedanken über die Persönlichkeit des Angeklagten gemacht:

"Zu Gunsten des Angeklagten Herbert Schulz ist zu berücksichtigen, dass er kriegsbeschädigt ist. Er besitzt eine schwache körperliche Konstitution und ist deshalb nur beschränkt arbeitsfähig. Die Invaliden- und Kriegsbeschädigtenrente, die er bezieht, beträgt nur rund 160,-- DM. Davon hatte er seine Frau und die 4 Kinder, von denen allerdings 2 so alt sind, dass sich schon selbst verdienen könnten, zu unterhalten. Auch er hat seine Taten unumwunden zugegeben. Das Gericht ist der Überzeugung, dass auch er trotz seiner beschränkten Arbeitsfähigkeit im Stande gewesen wäre, auf redliche Weise genügend hinzuzuverdienen, um seine Familie auskömmlich zu versorgen. Tatsächlich hat er auch den Verdienst aus den Diebstählen nur zum geringen Teil seiner Familie zukommen lassen. Den weit größeren

Teil hatte er in Gemeinschaft von Hans Meier und anderen vertrunken und mit fremden Frauen durchgebracht."

Wiederum betont das Gericht also, dass es die Haupttäter nicht notwendig gehabt hätten, Geld auf illegale Weise zu verdienen um mit ihren Familien über die Runden zu kommen. Insgesamt scheint das Gericht auch der Meinung gewesen zu sein, dass Herbert Schulz einen erheblich schlechteren Charakter als Hans Meier hatte. Dies wird in der folgenden Passage, in der das Gericht die beiden Hauptangeklagten direkt miteinander vergleicht, deutlich:

"Bei der Planung und Durchführung der Diebstähle hat er (Herbert Schulz) in mehreren Fällen eine führende Rolle gespielt. Er hat Diebstahlsgelegenheiten ausgekundschaftet, dem Angeklagten Meier die jüngeren Mittäter zugeführt und sie auf den Fahrten zum Tatort eingeweiht. Die Durchführung der Straftaten betrieb er mit Energie und Hartnäckigkeit. Die Gutmütigkeit des Hans Meier geht ihm ab. Er macht einen gefühlsarmen und berechnenden Eindruck. Auch wenn seine Vorstrafen zwar zahlreich aber doch nichts schwerwiegend sind, und insbesondere die Straftaten, die den Rückfall begründet haben, nicht erheblich sind, so musste ihm doch unter Berücksichtigung aller Umstände mildernder Umstände ebenfalls versagt werden."

Das Gericht hat Herbert Schulz nicht wegen aller Taten, die ihm zur Last gelegt wurden, verurteilt. In einem Fall wurde er nur von Hans Meier belastet. Dies berücksichtigte das Gericht, das gemerkt hatte, dass er es zwischen Herbert Schulz und Hans Meier inzwischen erhebliche Konflikte gab, jedoch nicht. Hierzu führt es aus:

"Allein aufgrund der Aussagen des Hans Meier kann Herbert Schulz nicht überführt werden, auch im dritten Falle Mittäter gewesen zu sein. Das Gericht hat den Eindruck gewonnen, dass zwischen Herbert Schulz und Hans Meier eine starke Spannung, wenn nicht sogar eine Feindschaft besteht."

Trotz dieser Pluspunkte für Herbert Schulz verwundert es in Anbetracht der Gesamtwürdigung des Angeklagten durch das Gericht nicht, dass auch für Herbert Schulz die Strafe mit fünf Jahren Zuchthaus relativ deftig ausfiel. Außerdem wurden ihm, genauso wie Hans Meier, die bürgerlichen Ehrenrechte aberkannt und Polizeiaufsicht angeordnet. Die Begründung hierfür war wiederum wenig schmeichelhaft für Herbert Schulz:

"Mit Rücksicht auf die ehrlose Gesinnung des Angeklagten Herbert Schulz, die er betätigt hat, wurden auch ihm die bürgerlichen Ehrenrechte gemäß § 32 StGB und zwar auf die Dauer von drei Jahren aberkannt. Wie bei Hans Meier erschien es auch bei ihm angezeigt, auf die Zulässigkeit von Polizeiaufsicht zu erkennen."

9.12.   Und was sagt das Gericht zum „Klettermaxe"?

Auch Herbert Schulz bekam also eine relativ harte Strafe. Ob auch Manfred Schulz., den eifrigen Telefonmastenkletterer, ein ähnlich hartes Urteil treffen würde? Auch zu seiner Person fand das Gericht durchaus mitfühlende Worte:

"Der Angeklagte Manfred Schulz hatte eine harte und schwere Kindheit und Jugend hinter sich. Sein Vater war im Jahre 1915 gefallen, die Mutter musste für die Ernährung der Familie sorgen und konnte sich um den Angeklagten nicht genügend kümmern. Deshalb wurde er frühzeitig in erheblichem Umfange straffällig. Als er jedoch gereifter wurde, änderte er seinen Lebenswandel. Seit dem Jahre 1936 wurde er im Wesentlichen nicht mehr straffällig. Den Krieg macht er als Soldat mit und geriet anschließend in russische Kriegsgefangenschaft, aus der er erst im Jahre 1949 entlassen wurde."

Wer hätte solche verständnisvollen Worte von einem Strafgericht erwartet? Die Kammer ging sogar noch weiter und zeigte, dass sie durchaus genug psychologische Kenntnisse hatte, um zu verstehen, dass bei jungen Menschen nach Kriegsteilnahme und Gefangenschaft ein gewissen Nachholbedarf besteht, zu dessen Befriedigung ein junger Mann auch Gesetzesbrüche in Kauf nimmt. Vor allem, wenn es in der Beziehung zur eigenen Frau kriselt. Man darf annehmen, dass die Gerichte damals häufiger mit Angeklagten mit ähnlichen Motiven und Vorgeschichten zu tun hatten. In dem Urteil heißt es:

"Verständlicherweise erfasste den Angeklagten nunmehr nach langen Jahren der Entbehrung ein starker Lebenshunger. Da er Grund zu haben glaubte, an der ehelichen Treue seiner Frau während seiner Gefangenschaft zu zweifeln, machte er sich seinerseits an andere Frauen heran. Seine Neigung zum Alkohol und die Sucht zur Befriedigung seiner Lebenslust wurden durch den Umgang insbesondere mit der trinkfesten Angeklagten Elfriede Schneider noch gefördert. Um sein dadurch hervorgetretenes starkes Geldbedürfnis zu befriedigen, beging er laufend insbesondere die Telefondrahtdiebstähle."

Auch hier erschöpften sich die Ausführungen des Gerichts jedoch nicht in Feststellungen, die für die Angeklagten günstig waren. Zu den Telefondrahtdiebstählen heißt es deshalb weiter:

"Diese wiegen wegen der starken Häufung in kurzer Aufeinanderfolge und der Höhe des angerichteten Schadens besonders schwer."

Dann jedoch kommt die für Manfred Schulz günstige Wendung. Das Gericht fährt nämlich fort:

"Wenn sich trotzdem das Gericht entschlossen hat, dem Angeklagten mildernde Umstände zuzubilligen, so war dafür folgendes maßgebend:
Es ist dem Angeklagten nicht zu widerlegen, dass er sich bewusst nicht an Überlandleitungen herangemacht hat. Er hat sich auf Ortsverbindungen beschränkt und auch da hat er keine totale Unterbrechung des Sprechverkehrs herbeigeführt, sondern sich mit Abzwicken einiger Stränge von ein und derselben Leitung begnügt. Damit hatte er die besondere Gefährlichkeit seines Tuns herabgemindert. Außerdem hat der Angeklagte Manfred Schulz von allem Anfang an ein offenes und unumwundenes Geständnis abgelegt und die Begehung von Taten zugegeben, mit denen er durch die Polizei noch nicht in Verbindung gebracht worden war. Sein Auftreten vor Gericht hat erkennen lassen, dass er seine Straftaten aufrichtig bereut. Das Gericht glaubt von ihm erwarten zu können, dass er in Zukunft wieder den geraden Weg gehen wird. Um ihm dieses nicht zu verbauen, hat das Gericht von der Verhängung einer Zuchthausstrafe abgesehen."

Trotz dieser teilweise sehr verständnisvollen Ausführungen verhängte das Gericht auch hier eine erhebliche Strafe. Herbert Schulz musste vier Jahre hinter Gitter. Immerhin aber nur in das (normale) Gefängnis und nicht in das Zuchthaus.

9.13. Diebesbeute für die Familie als mildernde Umstände

Auch Peter Schulz, der in der Gefängniskapelle zwar das Genuschel seiner Komplizen verstanden haben soll, aber nach Ansicht der Presse im Prozess Hörschwierigkeiten vortäuschte, bekam zuerst nochmals vom Gericht die Leviten gelesen und ins Stammbuch geschrieben, dass er keineswegs durch eine Notlage zum Stehlen genötigt war. Das Gericht meinte nämlich:

"Auch er wäre in der Lage gewesen, sich redlich sein Geld durch Sammeln von Metall zu verdienen, statt zum Stehlen zu gehen."

Danach wurden in dem Urteil die Charaktereigenschaften und die sonstigen persönlichen Umstände des Peter Schulz abgewogen. Diesbezüglich äußerte das Gericht Zweifel, daran dass der Angeklagte *"eine tiefgehende Schuldeinsicht"* besaß, andererseits berücksichtigte es zu seinen Gunsten, dass er sich infolge seiner Schwerhörigkeit im Leben hart tat. Anders als die Presse war das Gericht trotz kritischer Bemerkungen des Vorsitzenden während der Verhandlung letztlich doch davon überzeugt, dass die Schwerhörigkeit des Peter Schulz nicht nur gespielt war. Danach wird ein weiterer Pluspunkt aufgezählt, bezüglich dessen sich Peter Schulz auch wohltuend von den meisten anderen Angeklagten unterschied:

"Den Verdienst aus den Diebstählen hat er zum großen Teil, obwohl auch er gerne trinkt, seiner Familie zukommen lassen."

Unter Berücksichtigung all dieser Umstände billigte die Kammer dem Angeklagten mildernde Umstände zu, was allerdings immer noch für eine Gefängnisstrafe von einem Jahr und zehn Monaten reichte.

9.14. Elmar Wickert: Eheprobleme und Kriegsteilnahme mindern die Strafe

Relativ kurz machte es sich das Gericht mit Elmar Wickert, der unter anderem bei der einen Fahrt nach Treuchtlingen mit dabei gewesen war:

"Zu seinen Gunsten sprach, dass sich der Angeklagte als Soldat bewährt hat, dass er sich in schlechten Eheverhältnissen befand und für zwei Kinder zu sorgen hat."

Nur am Rande sei bemerkt, dass das Gericht hier also Kriegseinsatz und Probleme in der Ehe im Ergebnis gleich, nämlich strafmildernd, behandelt. Als Strafe verhängte es aber immerhin noch ein Jahr und neun Monate. Auch kein Pappenstiel.

9.15. Sonja Meier: Vom Land in den Knast

Mit Spannung wurde auch erwartet, zu welchem Ergebnis das Gericht bezüglich der weiblichen Hauptangeklagten Sonja Meier kommen würde. Ihr war ja vorgeworfen worden, an den Diebesfahrten teilgenommen zu haben. Außerdem hatte sie Altmetall aus zweifelhaften Quellen angekauft.

Letztlich sah das Gericht den Ankauf als schwerwiegender als die Beteiligung an den Diebstählen an:

"Bei der Angeklagten Sonja Meier wiegt am schwersten die fortgesetzte Hehlerei. Sie wusste, dass es sich bei dem von ihr angekauften gestohlenen Gut um für die Allgemeinheit wichtige und wertvolle Drähte von Telefonleitungen handelt. Die einzelnen Akte ihres fortgesetzten Handelns drängten sich auf eine kurze Zeitspanne zusammen und wiederholten sich häufig. Auch wenn sie eine gewisse Furcht vor Manfred Schulz gehabt hat, so wäre sie doch nach Überzeugung des Gerichtes schon eher in der Lage gewesen, einen Streit herbeizuführen und damit die Absatzquelle zum Versiegen zu bringen."

Was die Diebstahlsvorwürfe anging, glaubte das Gericht der Sonja Meier bezüglich der einen Fahrt nach Treuchtlingen, dass sie nicht dabei gewesen war. Soweit es Sonja Meier jedoch wegen anderer Diebstähle als überführt ansah, hielt es das für weniger kriminell als den Ankauf der Beute von anderen:

"Ihre übrigen Straftaten sind dagegen als weniger schwierig zu beurteilen, wenn auch nicht verkannt werden kann, dass die Tatausführung bei dem Kabeldiebstahl, bei dem sie als Mittäterin beteiligt war, sehr dreist begangen wurde und auch ihr dies zugerechnet werden muss."

Bezüglich ihrer Persönlichkeit kam das Urteil zu einen einigermaßen positiven Ergebnis. Hierbei machte es wiederum deutlich, dass auch Sonja Meier wohl von sich aus nicht strafbar geworden wäre, sondern vor allem durch ihren Mann in kriminelle Machenschaften verwickelt worden war:

"Sie war jedoch zur Tatzeit noch jung. Sie entstammte einer Landwirtschaft, geriet also in ein ihr völlig fremdes Milieu. In die Straftaten wurde sie durch ihren Ehemann hineingezogen, für den sie mit ihrem Elternhaus gebrochen hatte. Sie hatte wenigstens im Anfang versucht, dem Treiben ihres Mannes Widerstand zu leisten und unterlag seinem und seiner Genossen fortwährendem schlechten Einfluss. Sie hat dann, wenn auch mit einem gewissen inneren Widerstreben und nur geringen Tatbeiträgen, mitgemacht."

Insgesamt bekam Sonja Meier eineinhalb Jahre Gefängnis wegen Hehlerei, Beihilfe zum schweren Diebstahl und wegen Begünstigung. Damit war sie die "Rekordhalterin" unter den mitangeklagten Frauen.

9.16. Ralf Wagner: Lange Strafe für leicht zu beeinflussenden Mittäter

Gnädig klingen die Ausführungen zu Ralf Wagner. Dieser hatte bei Meier gearbeitet und war nach Überzeugung des Gerichts während dieser Zeit an vier Diebstählen beteiligt, fand jedoch später wieder auf den Weg der Rechtschaffenheit zurück. Dazu das Gericht:

"Der Angeklagte Ralf Wagner wurde von dem Angeklagten Hans Meier in den Täterkreis hineingezogen, als er bei diesem kurzer Zeit beschäftigt war. Er stammt aus einem achtbaren Elternhaus, war aber auf Abwege geraten und trotz seiner Jugend straffällig geworden. Deshalb wurde er ein leichtes Opfer von Meier und dessen gelehriger Schüler. Er kundschaftete eine Reihe von Diebesgelegenheiten aus und teilte sie Hans Meier mit. Auch bei der dann folgenden Ausführung der Diebstähle war er maßgeblich mit beteiligt. Neben seiner Jugend ist ihm zugute zu halten, dass er sich aus dem Kreis um Meier löste, als er wieder eine Arbeit fand und dass er dann an weiteren Straftaten nicht mehr mitwirkte. Deshalb konnten ihm mildernde Umstände zugebilligt werden."

Das liest sich schön, reichte aber immer noch für ein Jahr und drei Monate Gefängnis.

9.17. Josef Nürnberger: Ein rückfälliger Mitläufer

Keine hohe Meinung hatte das Gericht dagegen von Josef Nürnberger, den seine Komplizen bei der Rückfahrt vom Einbruch in Günterstal beinahe vergessen hätten. Allerdings übersah es nicht, dass er bei den angeklagten Taten, eher eine untergeordnete Rolle gespielt hatte:

"Der Angeklagte Josef Nürnberger ist ein rückfälliger Dieb ... Er ist jedoch im vorliegenden Verfahren als typischer Mitläufer in Erscheinung getreten. In beiden Fällen, in denen er hinzugezogen wurde, wusste er bei Antritt der Fahrt noch nicht, dass es sich um ein Diebstahlsunternehmen handelte... Auf den Mangel an Barmitteln infolge seiner Arbeitslosigkeit ist es zurückzuführen, dass er sich am Tatort jeweils entschloss, an den Taten mitzuwirken. Deshalb konnten ihm mildernde Umstände nicht versagt werden ..."

Josef Nürnberger wurde zu acht Monaten Gefängnis wegen schweren und einfachen Diebstahls verurteilt.

9.18. Hartmut Walden: Ohne Trafowerk wäre es weniger geworden

Bauchschmerzen scheint das Gericht bei der Behandlung des Hartmut Walden gehabt zu haben. Einerseits hielt es ihn für einen von den vielen Tätern, die alleine durch die "Platzhirsche" des Verfahrens zu Diebstählen verleitet worden waren:

> *"Der Angeklagte Hartmut Walden ist 21 Jahre alt. Er ist geistig noch unentwickelt. Deshalb wurde er ein leichtes Opfer der Verführung, die von anderer Seite an ihn herangetragen wurde. Er war zur Tatzeit zwar einschlägig, jedoch nur mit einer Geldstrafe vorbestraft. Bei ihm kann noch eine Nachreife erwartet werden. Deshalb hat ihm das Gericht ohne weiteres mildernde Umstände zubilligen können."*

Andererseits konnte das Gericht auch nicht darüber hinwegsehen, dass es Hartmut Walden war, der zusammen mit Hans Meier im Falle des Trafowerkes die Kaltschnäuzigkeit besessen hatte, zum Tatort zurückzukehren und die dort zurückgelassene Beute abzuholen, obwohl der Diebstahl beinahe aufgeflogen wäre:

> *"Straferschwerend war allerdings zu berücksichtigen, dass er im Gegensatz zu den anderen Mittätern im Falle der Trafowerke der Aufforderung Meiers, nachdem sie gestört worden waren, noch einmal an den Tatort zurückzukehren und einen Teil der Diebesbeute aufzuladen, trotz der erhöhten Gefahr der Entdeckung bedenkenlos nachkam."*

Alles in allem ergab das acht Monate Gefängnis wegen Diebstahls. Ohne die Dreistigkeit beim Trafowerk wären es wohl einige weniger gewesen.

9.19. Oma Meier: Eine Frau gibt dem Gericht Rätsel auf

Bezüglich der Rolle der Oma Meier war während der Hauptverhandlung einiges im Unklaren geblieben. War sie nur die gutmütige und ahnungslose Oma, die ihrem Sohn ab und zu mal gutgläubig das Dreirad lieh, oder aber die "graue Eminenz" im Hintergrund? Oder irgendetwas dazwischen? Auch stellten sich bezüglich des Verhaltens der Oma Meier viele juristischen Fragen. Etwa diejenige, wie die Überlassung des Dreirads an ihren Sohn und seine Frau strafrechtlich zu bewerten war, wenn Oma Meier zwar allgemein wusste, dass diese ab und zu einmal Diebestouren damit unternahmen, aber sie andererseits auch ganz normale Ausflüge damit machten? Stellt so etwas überhaupt eine Straftat dar? Und wenn ja: Welche?

Außerdem musste das Gericht noch weitere rechtliche Fragen in Bezug auf Oma Meier klären. Einmal hatte sie ihrer Schwiegertochter erlaubt, gestohlenen Draht, den diese angekauft hatte, in ihrem Schupfen zwischenzulagern. Ein anderes Mal hatte sie ihrer Schwiegertochter 50,00 DM geliehen, damit diese, was Oma Meier wusste, gestohlenen Draht von Manfred Schulz ankaufen konnte. Auch diesbezüglich stellte sich die Frage, ob ein solches Verhalten überhaupt den Tatbestand einer Straftat erfüllte.

Bezüglich des Verleihens des Dreirads machte sich das Gericht ausgiebig Gedanken:

"Der Angeklagten liegt zur Last, die von ihren Sohn begangenen Diebstähle fortgesetzt dadurch Beihilfe geleistet zu haben, dass sie ihm das für seinen Geschäftsbetrieb zur Verfügung gestellte Dreirad auch dann beließ, als sie erfuhr, dass es bei Diebesfahrten als Transportmittel benutzt wurde ...

Die Angeklagte bestreitet alle ihr ungünstigen Tatsachen. Sie will nie erfahren haben, dass ihr Sohn Diebstähle beging und dabei das Dreirad als Transportmittel benutzt. Sie wird jedoch durch die im Wesentlichen übereinstimmenden Angaben der Mitangeklagten Herbert und Manfred Schulz, sowie Karl Sörgel, denen das Gericht Glauben schenkt, überführt.

Einer fortgesetzten Beihilfe zu den von ihrem Sohn begangenen Diebstählen, deren Einzelheiten sie nicht kannte, hat sich die Angeklagte durch ihr Verhalten nicht schuldig gemacht. In dem Augenblick, als sie den Eheleute Meier das Dreirad für deren Geschäftsbetrieb überließ, wusste sie noch nicht, und rechnete auch nicht damit, dass es auch für Diebesfahrten als Transportmittel verwendet wurde. Es käme also höchstens eine Beihilfe durch Unterlassung dadurch in Betracht, dass sie das Dreirad nicht zurückforderte ...

Voraussetzung für eine Beihilfe durch Unterlassen ist jedoch, dass eine Rechtspflicht zum Zurückfordern bestand. Eine solche lässt sich jedoch weder aus einem Gesetz oder aus dem zu Grunde liegenden Vertrage herleiten. Die Angeklagte war nach Erlangung der Kenntnis von dem weiteren Verwendungszweck des Dreirad zwar berechtigt, zur Beseitigung des vertragswidrigen Gebrauchs das Dreirad zurückzufordern; eine im strafrechtlichen Sinne erhebliche Rechtspflicht dazu hatte sie jedoch nicht."

Soweit die wesentlichen Überlegungen des Gerichtes zu den Gründen, warum sich die Angeklagte Oma Meier nicht wegen Beihilfe zum Diebstahl strafbar gemacht hatte. Das Gericht prüfte jedoch noch eine weitere Möglichkeit, wie sich Oma Meier eventuell strafbar gemacht haben könnte:

"Das Gericht hat weiterhin geprüft, ob die Angeklagte den Tatbestand des § 245 a) Abs. 2 StGB erfüllt hat. Danach ist strafbar, wer ein Werkzeug einem anderen überlässt, obwohl er weiß oder den Umständen nach annehmen muss, dass das Werkzeug zur Verwendung bei strafbaren Handlungen bestimmt ist. Diebeswerkzeug kann auch ein Kraftwagen sein mit dem die Diebesbeute weggeschafft wird. Das Überlassen ist vollendet, sobald der andere Besitzer geworden ist. Damit ist die Tat auch beendet, sie ist kein Dauervergehen (Olhausen 12. Auflage, Anm. 10 b zu § 245 a LK. 6, 7. Auflage Anm. III zu § 245 a StGB). Daraus folgt, dass der Täter des § 245 a Abs. 2 das Bewusstsein, dass das Diebeswerkzeug zur Verwendung bei strafbaren Handlungen bestimmt ist, bereits im Augenblick des Überlassenes haben muss. Es kann dahingestellt bleiben, ob ein Überlassen auch in einem Unterlassen der Rückforderung bestehen kann. Aber auch dann müsste eine Rechtspflicht zum Zurückfordern hinzukommen. Dass dies nicht gegeben ist, ist bereits oben bei der Prüfung, ob eine Beihilfe durch Unterlassen begangen worden ist, dargelegt worden. Demzufolge ist die Angeklagte insoweit freizusprechen."

Für Nichtjuristen ist das vermutlich erst nach mehrmaligem Lesen verständlich. Wenn überhaupt. Sicher hat auch der eine oder andere über Formulierungen wie "ob ein *Über*lassen auch in einem *Unter*lassen bestehen kann" geschmunzelt. Allerdings klingen auch andere Fachsprachen für Unbedarfte ziemlich unverständlich und mitunter komisch. Insbesondere Leser aus dem EDV-Bereich sollten deshalb mit vorschneller Kritik am Juristendeutsch vorsichtig sein. Von den Wirtschaftswissenschaftlern und Ärzten gar nicht zu reden.

Sei es wie es mag! Für Oma Meier war die Sache also glimpflich ausgegangen, soweit es um die Überlassung des Dreirads ging. Allerdings waren ihr noch andere Dinge zur Last gelegt worden. Und diesbezüglich kam sie nicht nur mit einem blauen Auge davon. Insoweit stellte das Gericht nämlich fest:

"Durch das Leihen der 50.-- DM und den Aufkauf des Drahtes in Vertretung ihrer Schwiegertochter hat sich die Angeklagte je eines Vergehens der Beihilfe zu einem Vergehen der Hehlerei nach §§ 259, 49 StGB schuldig gemacht. Im ersten Fall wusste sie, dass ihre Schwiegertochter bereit war, ihres Vorteils wegen gestohle-

nen Draht aufzukaufen. Indem sie ihr die Mittel dafür zur Verwendung stellte, leistete sie dieser Hehlerei Vorschub. Im zweiten Fall hat sie selbst den Ankauf getätigt."

Das Gericht kam bezüglich der Oma Meier also zu dem Ergebnis, dass sie wegen des Verleihens des Dreirads nicht belangt werden konnte, weil sie nicht schon jeweils beim Verleihen wusste, dass das Dreirad gerade dieses Mal für eine Diebestour verwendet werden würde. Wegen der Verleihens des Geldes und der Vertretung beim Ankauf verurteilte es die Meier jedoch wegen zweier "Vergehen der Beihilfe zu einem Vergehen der Hehlerei" (das heißt juristisch tatsächlich so!) und eines Vergehens der Begünstigung. Im Ergebnis wird man dem zustimmen müssen. Schließlich macht es keinen großen Unterschied, ob man einem Einbrecher ein Werkzeug leiht, damit dieser in eine Wohnung einsteigen kann, oder einem Hehler Geld, damit dieser „heiße Ware" abkaufen kann. In beiden Fällen wird die Straftat des anderen durch das, was man dem Täter leiht, erst möglich.

Wie bei den anderen Angeklagten erläuterte das Gericht nach der Klärung der Frage der Strafbarkeit, wie es zu der konkret verhängten Strafe gekommen war. Dabei wurden wiederum Charakter und Vorgeschichte der Angeklagten gewürdigt:

"Die Angeklagte hat sich bis auf einen geringfügigen Holzdiebstahl in der schlechten Zeit nach dem Zusammenbruch ein langes Leben straffrei geführt. Dennoch konnten ihre Straftaten nicht leicht genommen werden. Durch ihre Bereitwilligkeit, das gestohlene Gut bei sich aufzubewahren, ihrer Schwiegertochter zum Ankauf gestohlenen Gutes Geld zu leihen und sogar in deren Stellvertretung gestohlene Ware selbst aufzukaufen, hat sie nicht nur ihre Schwiegertochter begünstigt und unterstützt. Sie hat außerdem, wie ihr bewusst war, auch indirekt die Begehung der überaus schädlichen Telefondrahtdiebstähle des Angeklagten Manfred Schulz gefördert, indem sie diesem die Absatzquelle erhielt und den Absatz erleichterte."

Im Ergebnis erhielt Oma Meier vier Monate Gefängnis. Nicht eben viel, wenn man denkt, wie viel Denk- und Schreibarbeit sich das Gericht wegen ihr machen musste. Aber darauf darf es in einem Rechtsstaat nicht ankommen.

9.20. Elfriede Schneider: Kann Zuschauen eine Straftat sein?

Auch bei Elfriede Schneider ergab sich nicht auf den ersten Blick, ob und wie sie sich strafbar gemacht hatte. Das Gericht kam lediglich zu der Überzeugung, dass sie Manfred Schulz zweimal mit zu Telefonmasten begleitet hatte und dabei jeweils unter den Masten stehen blieb, während dieser oben die Drähte abzwickte. Dass sie nur mitgegangen war, weil sie ihren "Teddy" klettern sehen wollte, glaubte ihr das Gericht jedoch nicht. Das begründete es so:

> *"Die Angeklagte Elfriede Schneider bestreitet eine Beteiligung an den Diebstählen ... Sie habe weder aufgepasst, noch Draht in den Graben gelegt, noch die Fahrräder geschoben, noch beim Abtransport geholfen, und zwar nicht, weil sie betrunken gewesen sei, sondern weil sie nicht gewollt habe ...*
>
> *... Bei ihrer polizeilichen Vernehmung hat die Angeklagte jedoch zugegeben, dass in allen Fällen zugegen gewesen ist ... Diese ihre damalige Einlassungen hält das Gericht für wahr. Denn wenn sich die Angeklagte erst einmal entschlossen hatte, den Manfred Schulz auf seinen Diebesfahrten zu begleiten und damit auch persönlich für sich die Gefahr einer Entdeckung auf sich zu nehmen, dann wäre es sinnlos gewesen, am Tatort selbst sich von Manfred Schulz räumlich abzusetzen. Zur damaligen Zeit liebte die Angeklagte den Manfred Schulz ehrlich und aufrichtig. Wenn sie ihm also zum Tatort gefolgt ist, dann konnte dies im Hinblick auf ihre intimen Beziehungen nur den Zweck haben, ihn wenigstens vor Überraschungen und Entdeckungen durch Fremde zu schützen."*

Ein aufmerksamer Leser wird sich jetzt fragen, ob das Gericht vergessen hatte, dass die Angeklagte vorgetragen hatte, dass sie von Manfred Schulz betrogen und geschlagen wurde. Dem ist jedoch nicht so. Das Gericht nahm hierzu in folgender Weise Stellung:

> *"Das Gericht glaubt der Angeklagten nicht, dass im zweiten und dritten Fall nur unter dem Zwang einer von Manfred Schulz ausgesprochenen Drohung mitgegangen sei. Gerade im Hinblick auf das gegenseitiges Verhältnis ist es unwahrscheinlich, dass Manfred Schulz eine solche Drohung nötig gehabt hätte. Jedenfalls ist aber die Angeklagte nach dem Eindruck, den sie auf das Gericht gemacht hat, nicht die Frau, die sich durch irgendeine Drohung zu einer Handlung bestimmen lässt ... Auch der Angeklagte Manfred Schulz, vom dem das Gericht überzeugen ist, dass er bemüht ist, die Wahrheit zu sagen, hat angegeben, dass die Angeklagte für ihn Schmiere gestanden hat ..."*

Dieser Teil des Urteils mag den einen oder anderen Leser überraschen. Schließlich war es keine Kleinigkeit, was die Angeklagte Elfriede Schneider zu ihrer Verteidigung vorgetragen hatte. Andererseits sind weder Autor noch Leser damals bei der Verhandlung dabei gewesen. Das Gericht wird schon seine Gründe gehabt haben, zu diesem Ergebnis zu kommen. Auf jeden Fall wäre es ein Fehler, zu denken, dass das Gericht dem Angeklagten Manfred Schulz alles geglaubt hätte. Dies wird im folgenden Passus des Urteils deutlich:

> "Manfred Schulz hat die Angeklagte Elfriede Schneider noch weiter belastet. Er hat zum Beispiel erklärt, dass die Schneider den Draht teilweise aufgerollt oder dies wenigstens versucht habe, eine Tasche zum Abtransport des Drahtes mitgenommen habe und dass sie behilflich gewesen wäre, den Draht über die Pegnitz zu ziehen, ja sogar ihn aufgefordert habe, Draht abzuzwicken oder noch mehr mit Draht mitzunehmen."

Manfred Schulz hatte eine ganze weitere Latte von Vorwürfen gegen Elfriede Schneider erhoben. Diese beurteilte das Gericht, das offensichtlich sehr wohl zwischen den verschiedenen Stadien der Beziehungen des Meisterkletterers Manfred Schulz und seiner Geliebten Elfriede Schneider unterscheiden konnte, jedoch anders. Die diesbezüglichen Ausführungen des Gerichts lesen sich wie eine Mischung von Juristendeutsch und der Sprache eines Liebes-Groschenromans:

> "Diesen Angaben folgt das Gericht jedoch nicht. Denn die einstmals große Liebe der beiden zueinander ist jetzt in einen ebenso starken Hass umgeschlagen. Es ist daher nicht auszuschließen, dass aus diesem Gefühl heraus Manfred Schulz die Elfriede Schneider, möglicherweise auch unbewusst, stärker belastet als dies den Tatsachen entspricht. Das Gericht kann daher nur insoweit seine Aussagen gegenüber der Elfriede Schneider verwerten, als diese selbst bei ihrer polizeilichen Vernehmung ein Eingeständnis gemacht hat und die allgemeine Lebenserfahrung für ein solches Verhalten spricht."

Bei der abschließenden Würdigung zur Strafzumessung führte das Gericht aus:

> "Die Angeklagte Elfriede Schneider ist nur geringfügig und nicht einschlägig vorbestraft. Die physische oder psychische Beihilfe, die sie dem Angeklagten Manfred Schulz leistete, war äußerlich betrachtet, nur gering. Sie wusste aber, dass die Telefondrahtdiebstähle nur dazu dienten, Mittel für ihre gemeinschaftlichen Vergnügun-

gen, die sie durch eigene hohe Anforderungen an Manfred Schulz noch kostspieliger machte, zu beschaffen."

Elfriede Schneider wurde wegen Beihilfe zum schweren Diebstahl und Beihilfe zur Gefährdung von Fernmeldeanlagen zu vier Monate Gefängnis verurteilt.

9.21.   Franz Hartmann: Jung, aber durstig

Bei dem Angeklagten Franz Hartmann, der zur Tatzeit erst achtzehn und als einer von wenigen noch nicht vorbestraft war, war das Gericht bereit, mildernde Umstände zuzubilligen. Jedoch sah es auch Gründe, über die Mindeststrafe hinauszugehen. Dies zum einen, da Hartmann auch andere dazu gebracht hat, Diebstähle zu begehen:

> *"Er war es aber, der seinen Onkel durch seine fortwährenden Klagen über seinen Geldmangel dazu veranlasste, einen gemeinschaftlichen Telefondrahtdiebstahl zu begehen."*

Die Begründung für das verhängte Strafmaß ähnelte den Gedanken, die sich vor der Urteilverkündung schon ein Journalist gemacht hatte:

> *"Seine angebliche Notlage hinderte ihn jedoch nicht, zusammen mit Manfred Schulz nach Planung der Tat und vor deren Begehung seinen letzten Arbeitsverdienst vollständig zu vertrinken."*

Wie Elfriede Schneider bekam auch Franz Hartmann eine Gefängnisstrafe von vier Monaten.

9.22.   Schwaiger Kabel, die erste: Keine Strafe für Ankauf und Transport

Bezüglich des Diebstahls bei Schwaig fasst das Gericht das Verteidigungsvorbringen derjenigen Angeklagten, die nicht selbst am Abknipsen des Drahtes beteiligt waren, so zusammen:

> *"Hans Meier behauptet, geglaubt zu haben, dass es sich um eine erlaubte Aneignung von Draht aus ehemaligen Flakstellungen gehandelt habe, wie ihm Karl Sörgel und Elmar Wickert solchen schon vorher öfters geliefert hätten. Der Angeklagte Gehr lässt sich dahin ein, dass er sich als Fahrer um die Art und Herkunft des Transportgutes überhaupt nicht gekümmert habe."*

Dann kommt es zu folgendem Ergebnis:

"Die Einlassungen der Anklagten lassen sich nach den Umständen des Falles nicht hinreichend widerlegen."

9.23. Schwaiger Kabel; die zweite: Aber das Abzwicken wird bestraft

Weniger Glück hatten Elmar Wickert und Karl Sörgel, die den Draht abgezwickt hatten. Das Gericht wollte ihnen nämlich nicht glauben, dass sie die Leitungen für herrenlos halten durften:

"Dagegen kann dem Angeklagten Elmar Wickert kein Glauben geschenkt werden. Der eingenommene Augenschein brachte das Gericht zu der Überzeugung, dass für jedermann klar erkennbar war, dass die Leitung, auch wenn sie zur Zeit abgezwickt war und nicht benutzt wurde, wegen ihres Wertes und ihrer anderweitigen Benutzbarkeit von dem Eigentümer keineswegs aufgegeben war. Es kommt hinzu, dass der Angeklagte Karl Sörgel selbst eingeräumt hat, dass er und seine Genossen sich des Unerlaubten ihres Tuns bewusst gewesen seien. Aus diesem Grunde haben sie mit der Tatausführung nach Auffassung des Gerichtes auch bis zum Einbruch der Dunkelheit gewartet.

Deshalb wurden sie wegen dieser Tat wegen eines schweren Diebstahls nach §§ 242, 243, 47 StGB in Verbindung mit § 17 Abs. 1 des Gesetzes über den Verkehr mit unedlen Metallen verurteilt. Wickert bekam ein Jahr und neun Monate Gefängnis, Karl Sörgel ein Jahr und sechs Monate.

9.24. Josef Nürnberger und Herbert Schulz: Rausch schützt vor Strafe nicht!

Das Gericht machte sich auch Gedanken darüber, wie sich die Trunkenheit des Herbert Schulz beim ersten "Besuch" der Eckartwerke rechtlich auswirkt. Dieselbe Frage musste es in Bezug auf Josef Nürnberger wegen der zweiten Aktion dort beantworten. Beide hatten nämlich behauptet, dass sie sich bei Begehung des Diebstahls in einem Rauschzustand befunden hätte, der ihre Zurechnungsfähigkeit ausgeschlossen hätte. Das Gericht verneinte dies jedoch mit folgender Argumentation, der wohl zuzustimmen ist:

"Ihre Fähigkeit, das Unerlaubte der Tat einzusehen und nach dieser Einsicht zu handeln, mag zwar in Folge ihrer Trunkenheit erheblich vermindert gewesen sein,

dass sie überhaupt nicht mehr vorhanden war, ist deshalb auszuschließen, weil sie zielbewusst und zweckbestimmt bei der Tatausführung mitwirkten und auch in der Lage waren, die hierbei erforderliche erhebliche Kraftentfaltung zu entwickeln."

9.25. Die „Undercover-Ermittlungen" im Urteil des Gerichts

Mit großer Spannung wurde sicher auch erwartet, wie das Gericht die phantasievolle Verteidigung des Andreas Noak würdigen würde. Dieser war ja angeblich nach Velden nur deshalb mitgefahren, um Belastendes über den ehemaligen Röthenbacher Polizeichef zu sammeln. Außerdem war es ja zu keinem Diebstahl gekommen, da in dem Werk nachts gearbeitet wurde. Das Gericht zeigte sich jedoch von den Argumenten von Andreas Noak gänzlich unbeeindruckt:

"Das Gericht schenkt diesen Einlassung des Angeklagten keinen Glauben Der Angeklagte hat das Gericht auch im Übrigen nicht mit der Wahrheit bedient. Er hat über die seinen Vorstrafen zu Grunde liegenden Straftaten falsche Angaben und Ausflüchte gemacht. Aber auch bei seiner polizeilichen Vernehmung hatte er nichts davon gesagt, dass ihm lediglich darum gegangen sei, gegen den ehemaligen Röthenbacher Polizeichef Material zu gewinnen, obwohl dieser zur Zeit der Vernehmung Noaks nicht mehr im Polizeidienst stand. Deshalb hatte er weitere Schwierigkeiten von diesem Polizeichef auch gar nicht mehr zu besorgen[39]. Die Tatsache, dass Noak, der in den Plan voll eingeweiht war, mit bis zu der vorgesehenen Einstiegsstelle bei den Eckartwerken gegangen ist und auch nicht früher als seine übrigen Genossen zum Ausdruck gebracht hat, seinerseits nicht mehr mitmachen zu wollen, zeigt dem Gericht deutlich, dass er nur nach Erkenntnis der Undurchführbarkeit des Planes von diesem Abstand genommen hat."

Dieser Satz mag verschachtelt sein. Im Endergebnis ist seine Aussage aber klar. Immerhin hielt sich die Strafe mit zwei Monaten Gefängnis im Rahmen. Sie war gleichzeitig die drittniedrigste Strafe, die in diesem Verfahren verhängt wurde.

9.26. Bewährungsstrafen und wenige Freisprüche

Vollständig freigesprochen wurden nur zwei Angeklagte, eine Frau und ein Mann. Dies war zum einen Katharina Schulz, die Ehefrau des Angeklagten Herbert Schulz und Schwägerin des weiteren Angeklagten Peter Schulz, die nach Güntersthal mit-, aber dann wieder selbständig zurückgefahren war. Zum anderen war dies Martin Gehr, dem lediglich vorgewor-

---

[39] "Besorgen" heißt im Juristendeutsch übrigens "befürchten".

fen worden war, das Fahrzeug gefahren zu haben, mit dem die Leitungskabel aus der Umgebung von Schwaig zum Händler gebracht worden waren. Nur fünf Angeklagte, nämlich Oma Meier, Elfriede Schneider, Franz Hartmann, Andreas Blank und Ernst Schneider, erhielten Bewährungsstrafen. "Oma Meier" wurde die Bewährung jedoch nur gegen Zahlung von 200 DM an die Gefangenenfürsorge eingeräumt. Alle anderen Angeklagten mussten die Strafe verbüßen.

Zählt man alle Angeklagten zusammen, dann addierten sich die Freiheitsstrafen, die in diesem Verfahren verhängt wurden, auf insgesamt stolze zwölfeinhalb Jahre Zuchthaus und siebzehn Jahre Gefängnis. Damit verhängte das Gericht mehr als zehn Jahre Zuchthaus weniger als vom Staatsanwalt beantragt, umgekehrt aber auch vier Jahre Gefängnis mehr als von diesem gefordert hat.

Insgesamt kann man festhalten, dass es sich das Gericht nicht einfach gemacht hat. Insbesondere hat es keineswegs alle Angeklagten über einen Kamm geschert, sondern jeden individuell beurteilt. Das gilt insbesondere für die Motive ihrer Tatbeteiligung und für ihren Charakter. Hierbei zeigt es sich an manchen Stellen überraschend verständnisvoll. Andererseits schreckte es auch vor harten Strafen nicht zurück. Was nicht überraschend ist, da sich eigentlich schon in der Begründung für die Verlegung des Prozesses nach Röthenbach gezeigt hat, dass das Gericht Nachahmungstäter durch das Verfahren abschrecken wollte. Ganz nebenbei hat das Gericht auch ein lebendiges Bild der damaligen Um- und Zustände in Röthenbach gezeichnet und damit ein Stück Lokalgeschichte vor dem Vergessen bewahrt. Das Gericht war sich dieses Umstands wohl bewusst. Das belegt die Tatsache, dass man anordnete, die Akte nach der Aufbewahrungsfrist in das Staatsarchiv zu geben.

10. Epilog: Rechtsmittel und Gnadengesuche

Bei einem Schuldspruch endet die strafrechtliche Verfolgung von Straftaten nicht mit dem Urteil, sondern sie beginnt damit erst. Die Akte über den "Röthenbacher Prozess" schließt deshalb nicht mit dem Urteil, sondern sie dokumentiert noch eine Reihe von Versuchen, das Urteil oder zumindest seine Folgen abzumildern. Einige der Angeklagten legten Rechtsmittel ein. Andere stellten später Antrag auf Begnadigung. Es würde an dieser Stelle zu weit führen, in allen Einzelheiten weiter zu verfolgen, wie es den Angeklagten nach ihrer Verurteilung erging. Einige diesbezügliche Besonderheiten sollen aber hier zum Schluss noch angesprochen werden.

10.1. Dreirad unter dem Hammer

Bevor wir uns dem Schicksal der beteiligten Menschen widmen, soll jedoch zuerst die Frage geklärt werden, was eigentlich mit dem Lastendreirad geschah, ohne das diese ganze Diebesserie überhaupt nicht möglich gewesen wäre. Das Fahrzeug war ja nach der Verhaftung der Verdächtigten beschlagnahmt und in polizeilichen Gewahrsam genommen worden. Dort verblieb es bis zum 1. Juli 1955. An diesem Tag wurde es "*nach vorheriger Veröffentlichung in den NZ und NN am 1.7. 1955, vormittags 11:00 Uhr ... im Wege des freihändigen Verkaufs ... veräußert*". Es erbrachte immerhin noch einen Erlös von 207, 65 DM für die Gerichtskasse Nürnberg. Glücklicher Erwerber war ein Nürnberger.

Warum es so lange gedauert hatte, bis das Fahrzeug veräußert wurde, dürfte weniger mit dem Fahrzeug selbst zu tun haben. An anderer Stelle war er schon davon die Rede, dass diese Fahrzeuge durchaus geschätzt waren und manches von ihnen wohl auch heute noch in Indien seinen Dienst tut. Der Grund für den späten Verkauf dürfte darin gelegen haben, dass einige der Angeklagten Rechtsmittel eingelegt hatten. Deshalb konnte das Fahrzeug wohl erst nach Abschluss der entsprechenden Verfahren amtlich veräußert werden.

10.2. Ein Arbeitgeber kämpft für seinen Mitarbeiter

Hans Meier, der die höchste Haftstrafe "kassiert" hatte, kämpfte Jahre lang dafür, nicht seine gesamte Strafe verbüßen zu müssen. Davon wird unten noch die Rede sein. Bei anderen Verurteilten schalteten sich auch dritte Personen und Institutionen ein, um deren Haft zu verkürzen. Für den Schreinergehilfen Ralf Wagner, der zu einem Jahr und drei Monaten Gefängnis verurteilt worden war, tat dies sein Arbeitgeber, eine Aktiengesellschaft, die selbst im Altmetallbereich tätig war. Diese wandte sich mit Schreiben vom 12. März 1953 an keinen geringeren als den Bayerischen Staatsminister der Justiz und bat, den Teil der Strafe, den Ralf Wagner noch nicht verbüßt hatte, im Gnadenwege bedingt zu erlassen.

In dem dreiseitigen, eng beschriebenen Schriftsatz wird zuerst ausgeführt, dass sowohl der Vater wie auch der Bruder des Verurteilten bei dieser Aktiengesellschaft arbeiten. Aufgrund der guten Arbeitsleistungen von Vater und Bruder hätte man sich entschieden auch Ralf Wagner einzustellen, obwohl man wusste, dass dieser damals gerade in einer anderen Sache erst eine Gefängnisstrafe von mehreren Monaten verbüßt hatte. Weiter heißt es dazu:

> *"Wir haben uns zu der Einstellung des Verurteilten trotzdem entschlossen, um ihm die Möglichkeit einer Wiedereingliederung in geordnete Verhältnisse zu bieten. Wir sind in unseren Erwartungen in keiner Weise enttäuscht worden. Der Verurteilte Ralf Wagner hat sich während der Dauer seiner Zugehörigkeit zu unserem Betrieb nicht nur persönlich tadellos geführt, sondern auch seine Arbeit in jeder Hinsicht gut verrichtet. Der Verurteilte Ralf Wagner ist während er bei uns beschäftigt war am 31. Juli 1952 erneut verhaftet wurden, und zwar in der Sache, in der er nunmehr seine Strafe verbüßt."*

Das Unternehmen hatte also einen Vorbestraften eingestellt, weil Verwandte von diesem gute Arbeitsleistung gezeigt hatten und man auch ihm selbst eine Chance geben wollte. Jetzt müsste man eigentlich erwarten, dass das Unternehmen nach der neuerlichen Verhaftung und Verurteilung sehr schlecht auf Ralf Wagner zu sprechen gewesen wäre. Das Gegenteil war jedoch der Fall. Offensichtlich hat man sich sehr viel Mühe gemacht, die Hintergründe des Verhaltens von Ralf Wagner aufzuklären. Dabei war man zu dem Schluss gekommen, ihn, trotz erneuter Verurteilung, als Mitarbeiter zu behalten. So viel Fürsorge eines Arbeitgebers in den gewiss nicht leichten Nachkriegszeiten erscheint bemerkenswert. Gleiches lässt sich von Art und Umfang der Begründung des Unternehmens sagen. Deshalb soll diese hier im Originalwortlaut wiedergegeben werden:

> *"Der Vater des Verurteilten ist möglicherweise in seiner strengen Rechtlichkeit und seiner etwas schroffen Art nicht immer der geeignete Erzieher für den etwas eigenwilligen Sohn gewesen. Es kam zu einem vorübergehenden Zerwürfnis zwischen Ralf Wagner und seinem Vater, in dessen Verlauf Ralf Wagner das Elternhaus verließ. Er hatte bereits früher - wie viele junge Leute in der Umgebung von Röthenbach - dort sich Geld mit Metallsammeln verdient und war auf diese Weise in Ver-*

bindung mit dem Altmetallhändler Hans Meier gekommen. Während er in der geschilderten Zeit gezwungen war, sich seinen Lebensunterhalt zu verdienen (Wagner war damals arbeitslos) und außerhalb seines Elternhauses zu nächtigen, erinnerte er sich seiner Verbindung mit Hans Meier und kam als Aushilfe in dessen Geschäft. Hans Meier - ein vielfach vorbestrafter Mann - benutzte alsbald den unreifen jungen Menschen zur Mithilfe bei den Diebstählen, die Gegenstand des umfangreichen Strafverfahrens gewesen sind, in dem auch Ralf Wagner verurteilt wurde. Wagner hat möglicherweise aus einer falschen Anhänglichkeit zu Hans Meier und dessen Frau gehandelt, die ihm in seiner schwierigen Lage Arbeit und Unterkunft gewährten..."

Wenig später heißt es dann:

"Bis auf eine geringfügige Vorstrafe ist Ralf Wagner vor seiner Verbindung mit Hans Meier unbestraft gewesen. Diese Vorstrafe, die er im Alter von etwa 17 Jahren erlitten hat, ist unseres Erachtens mehr die Folge einer jugendlichen Flegelei, als einer verbrecherischen Gesinnung gewesen. Wir bitten dem Verurteilten für die Reststrafe von nun mehr weniger als acht Monaten Gefängnis bedingten Straferlass zu bewilligen, welcher Bitte sich auch der Betriebsrat unserer Firma anschließt."

Alleine das wäre schon eine beeindruckende Fürsprache eines Arbeitgebers für einen inhaftierten Arbeitnehmer. Insbesondere, wenn man bedenkt, dass dieser das in ihn gesetzte Vertrauen eigentlich bitter enttäuscht hat. Die Firma hat sich damals jedoch noch mehr Mühe gemacht und trug weiter vor:

"Die Voraussetzungen dafür, dass Ralf Wagner wieder auf den ordentlichen Weg zurückfindet, erscheinen uns ungewöhnlich günstig. Wir sind bereit Ralf Wagner sofort nach seiner Entlassung aus dem Gefängnis wieder einzustellen, so dass er keinen Tag ohne Arbeit sein wird. Weiterhin werden wir bestrebt sein, durch persönliche Einwirkung Ralf Wagner. zu einem ordentlichen Leben anzuhalten. Schließlich versprechen wir uns von dem Einfluss seines überaus achtbaren Elternhauses und seines von uns aufrichtig geschätzten Bruders, dass Ralf Wagner künftig nicht mehr straffällig werden wird und das in ihn gesetzte Vertrauen rechtfertigt."

Damit aber immer noch nicht genug! Der Arbeitgeber wollte offensichtlich auf Nummer sicher gehen und berief sich, außer auf den eigenen Betriebsrat als Arbeitnehmervertretung, auch noch auf den natürlichen Feind des Angeklagten schlechthin, nämlich auf den Staatsanwalt. Diesbezüglich heißt es in dem Schreiben:

"Wir glauben uns in dieser Beurteilung des Ralf Wagner einig mit dem Sachbearbeiter der Staatsanwaltschaft Nürnberg, der bereits seinerzeit in der Hauptverhandlung beantragt hatte, dem Verurteilten eine Bewährungsfrist für den Strafrest zu bewilligen."

Heute, in Zeiten, in denen Arbeitnehmern deshalb gekündigt wird, weil sie ein halbes Brötchen, das ohnehin niemand mehr essen wollte, vom Büffet genommen haben, erscheinen solche Arbeitgeber fast wie Gestalten aus Science-Fiction-Romanen!

10.3.   Elmar Wickert: Gute Führung zahlt sich aus

Anderen Verurteilten blieben durch ihre Anträge, die sie während des Strafvollzugs stellten, zumindest einige Tage in der Strafhaft erspart. Die Gründe hierfür lagen im Fall des Elmar Wickert in einer Mischung zwischen kalendermäßigen Zufälligkeiten und weihnachtlichen Gefühlen des Gerichts. Zu Wickerts Gnadengesuch nahm der Vorstand der Strafanstalt Amberg wie folgt Stellung:

"Der Gefangene führt sich sehr ordentlich, er ist anständig und höflich gegen die Beamten, verträglich und ruhig mit den Mitgefangenen, die Arbeit verrichtet er fleißig und willig. Er ist zwar ein leichtsinniger, vorbestrafter Mann, da er sich aber im Strafvollzug sehr gut geführt hat, der Gefangene verheiratet ist, und zwei Kinder im Alter von drei und acht Jahren hat, befürworte ich, ihn am 1. Dezember 1953 bedingt aus der Strafhaft zu entlassen, damit er Weihnachten bei seiner Familie verleben kann. Das Strafende ist ohnehin bereits am 11.1.1954 und die Bewilligung einer Bewährungsfrist auch nur für einen geringen Strafrest wäre dazu geeignet, ihn von der raschen Rückfälligkeit abzuhalten."

10.4.   Franz Hartmann: Ohne Schadensersatz keine Bewährung

Nicht alle Anträge dieser Art hatten jedoch Erfolg. Einige scheiterten daran, dass die Antragsteller die juristischen Hintergründe der verschiedenen Rechtsfolgen ihrer Tat nicht verstanden. Eine der ersten Unterscheidungen - andere Menschen sagen dazu: Haarspaltereien - die man als Jurastudent lernt, ist der Unterschied zwischen Zivilrecht und Strafrecht. Beim Zivilrecht geht es darum, dass Bürger staatliche Hilfe in Anspruch nehmen, um von einem anderen Bürger etwas zu bekommen, meistens Geld. Dabei spielt es auch keine Rolle wie "groß" oder "klein" die beteiligten Bürger sind. Auch wenn die Telekom von einem Bürger wegen der Telefonrechnung Geld will, ist das Zivilrecht. (Auch wenn man mitunter das

Gefühl hat, dass man sich gegen das Verhalten so großer Unternehmen weniger wehren kann als, sagen wir mal, gegen Akte der Stadt Röthenbach.) Eine andere Sache ist das Strafrecht. Dabei geht es knallhart um "oben und unten", zumindest dann, wenn man rechtskräftig verurteilt ist. Ab und zu vermischt sich jedoch beides.

Das klingt jetzt wieder kompliziert, hat aber seine Ursache gerade darin, dass man es für den Bürger, der durch eine Straftat geschädigt wurde, eigentlich einfacher machen wollte. Diesen will man nämlich nicht zumuten, dass er als Opfer einer Straftat gleich in zwei unterschiedliche Gerichtsverfahren verwickelt wird. Deshalb gibt es für Opfer von Straftaten die Möglichkeit, ihre Geldansprüche aufgrund von Straftaten gleich im Strafprozess geltend zu machen. Dabei kann es jedoch vorkommen, dass Verurteilte nicht mehr unterscheiden können, was in dem Urteil eigentlich die Strafe und was der Schadensersatz ist. Und völlig unübersichtlich wird es dann, wenn in Aussicht gestellt wird, eine Strafe zu verkürzen, wenn der Schadensersatz rechtzeitig gezahlt wird.

Genau dies war der Fall mit dem „Angeklagten Nummer 18" Elmar Wickert. Dieser bat mit Schreiben vom 7. Februar 1954 um - so wörtlich- *"Stundung die von Landgericht ausgesprohene Geldstrafe von 105 DM"*. Weiter trug er vor (die Rechtschreibung entspricht dem Original):

> *"Ich ersuche und bitte die von Landgericht ausgeshprochene Geldstrafe von 105 M oder 6-monatiger Haft mir bis 1. Juli 1954 zu stunden, da ich nach meiner Endlassung sofort eine Arbeit aufnehmen kann versichere ich dem hohen Gericht bis 1. Juli die Geldstrafe zu Bezahlen. Ich bitte deshalb höflichst und hoffe dass mir das Landgericht die Bitte um Stundung der Geldstrafe gewähren wird."*

Ein merkwürdiger Text! Mit Rechtschreibfehler einerseits, aber auch mit juristischen Fachausdrücken, die man als Normalbürger eigentlich kaum kennt. Es mag überraschend klingen: In der juristischen Praxis ist so etwas durchaus nicht ungewöhnlich. Kaum ist nämlich jemand zum ersten Mal im Knast, lernt er juristische Fachausdrücke. Von Mithäftlingen, die eine lange kriminelle Karriere haben. (Und von denen die Gefängnisnovizen meist auch viele andere Dinge aus dem Bereich der Kriminalität lernen können ...) Allerdings ist es häufig so, dass auch diese "alten Hasen" diese Ausdrücke und ihre Bedeutung für das jeweilige Verfahren nicht richtig einordnen können, so dass die Eingaben erfolglos bleiben. So war es wohl auch hier. Der Antrag von Elmar Wickert wurde nämlich folgendermaßen beantwortet:

"Auf ihre Eingabe vom 7.11.1954 erwidere ich, dass Ihnen nicht eine Geldstrafe auferlegt worden ist. Sie haben seiner Zeit für eine Reststrafe bedingten Straferlass erhalten unter der Auflage, dass sie den bei der Post angerichteten Schaden von DM 150,15 in einer bestimmten Zeit ersetzen. Dieser Auflage sind sie nicht nachgekommen, deshalb ist der bedingte Straferlass widerrufen worden. Sie verbüßen derzeit die Reststrafe, die bedingt ausgesetzt war bis zum 21.11.1954. Daneben besteht keine Geldstrafe, sondern lediglich die Forderung der Post in der genannten Höhe. Falls ihre Eingabe dahin aufgefasst werden soll, dass sie um Wiederherstellung des bedingten Straferlasses bitten und nunmehr versprechen, ihre Schuld an die Post in bestimmter Frist zu bezahlen, so ist eine Weiterreichung an das zur Entscheidung zuständige Justizministerium deshalb sinnlos, weil bis zur Entscheidung über ihr Gesuch die Strafe bereits verbüßt sein würde. Ich sehe daher davon ab, auf ihr Gesuch vom 7.11.1954 etwas zu veranlassen."

Darüber kann man jetzt lange nachdenken. Vielleicht hätte man das Schreiben einfacher und bürgerfreundlicher formulieren können, ohne dass sich der Sachbearbeiter überarbeitet hätte, auch wenn das drei, vier Zeilen und Minuten zusätzlich gekostet hätte? Etwa so:

"Sie sind nicht nur zu einer Haftstrafe, sondern auch dazu verurteilt worden, dem Geschädigten, hier also der Post, Schadensersatz zu leisten. Außerdem wurde festgelegt, dass ihre Haftstrafe vorzeitig endet, wenn sie der Post rechtzeitig den Schaden, den sie angerichtet haben, ersetzen. Leider haben sie dies nicht in der angeordneten Zeit getan. Deshalb müssen sie weiter in Haft bleiben.

Theoretisch hätte noch die Möglichkeit bestanden, Ihr Schreiben so auszulegen, dass sie darum bitten, ihre Reststrafe jetzt nochmals zur Bewährung auszusetzen, weil sie nun ernsthaft versprechen, den Schadensersatz bald zu bezahlen.

Für eine solche Entscheidung wäre jedoch das Justizministerium zuständig. Dort dauern Entscheidungen aber immer etwas länger. Ihre Gefängnisstrafe endet am 21. Februar 1954. Der Antrag wurde am 7. Februar gestellt. Er ist am 11. Februar bei der Staatsanwaltschaft eingegangen. Selbst wenn ich den Antrag jetzt sofort an das Justizministerium weiterleiten würde, wäre nicht damit zu rechnen ist, dass vor dem 21. Februar 1954, also vor dem Ende ihrer Haft, eine Entscheidung erlassen wird. Deshalb unternehmen wir in dieser Sache nichts.

Wir wünschen Ihnen jedoch alles Gute in der Freiheit."

In der Sache wäre das dasselbe gewesen. Der Inhaftierte hätte aber vermutlich nicht nur die Antwort selbst besser verstanden, sondern sich auch von der Behörde besser verstanden gefühlt..

160

10.5. Ernst Huber: Ist ein Mopedkauf ein Grund für einen Strafaufschub?

Der Antrag von Franz Hartmann ist also bereits daran gescheitert, dass er zu spät gestellt wurde. An anderen Gründen scheiterte das "Strafaufschubsgesuch", das die Rechtsanwältin Dr. Gabriele Lehmann am 6. September 1955 für ihren Mandanten Ernst Huber stellte. Dieser war als Angeklagter Nummer 16 damals in Röthenbach zu vier Monaten Gefängnis verurteilt worden. Nach erfolglos eingelegten Rechtsmitteln wurde dieses Urteil schließlich am 8. August 1955, das heißt mehr als zweieinhalb Jahre später, rechtskräftig. Deshalb sollte Ernst Huber nun seine Haft antreten. Um dies möglicherweise doch noch zu verhindern führte Rechtsanwältin Dr. Lehmann folgendes aus:

"Der Verurteilte Ernst Huber ist bei einem Baugeschäft tätig und hat seinen Arbeitsplatz in Nürnberg. Zur besseren Erreichung seiner Arbeitsstelle war er gezwungen, sich ein Fahrzeug Marke Mopet[40] zuzulegen. Hierdurch konnte er rascher seine Arbeitsstelle erreichen, er erspart Fahrtkosten und war für seine Firma besser einsatzfähig. Dieses Mopet zahlt er in wöchentlichen Raten von 10,-- DM ab. Er hat hierdurch noch eine Schuld von 426,-- DM.

Beweis: Rechnung der Firma Konrad Sluka, Röthenbach/Peg.

Wenn der Verurteilte seine Strafe sofort antreten muss, wäre seine Frau nicht in der Lage, dieses Mopet abzuzahlen. Sie wäre wahrscheinlich gezwungen, das Mopet zurückzugeben, was einen erheblichen Verlust für den Verurteilten bedeuten würde. Innerhalb von vier Monaten könnte der Verurteilte, der in Zukunft wesentlich höhere Ratenzahlungen leisten wird, das Fahrzeug bis auf einen kleinen Restbetrag bezahlen, der entweder durch seine Ehefrau abgegolten werden könnte, oder ihm gestundet werden würde. Die Ehefrau des Verurteilten wird während der Dauer seiner Inhaftierung möglicherweise ein Darlehen aufnehmen müssen, um den sonstigen

---

[40] Der Schriftsatz von Dr. Lehmann ist professioneller formuliert als manch anderer Schriftsatz in diesem Verfahren.. Dennoch hat die Schreibkraft (Kürzel: W) , die vermutlich nach Stenodiktat schrieb, einige kleinere Fehler gemacht. Dazu gehört, dass sie das Wort "Moped" in typischer fränkischer Manier durchgehend als "Mopet" schrieb. Außerdem war Dr. Lehmann offensichtlich nicht bekannt, dass es sich bei dem Wort "Moped" um die Typenbezeichnung für eine bestimmte Art Kleinkraftrad, nicht aber um einen Firmennamen handelt.

Verpflichtungen der Familie nachzukommen. Der durch den dringend notwendigen Ankauf des Mopets verursachten finanziellen Belastung wäre jedoch die Ehefrau des Verurteilten nicht gewachsen. Mit Rücksicht hierauf wird im Strafaufschub für vier Monate ersucht."

Die Staatsanwaltschaft fragte zuerst bei der Stadtpolizei Röthenbach an der Pegnitz nach, bevor sie über das Gesuch entschieden. Deren Stellungnahme führte letztlich dazu, dass der Haftantritt nicht hinausgeschoben wurde. Die Polizei war nämlich zu dem Ergebnis gekommen dass in der Familie genügend Einkommen vorhanden war, um auch nach der Inhaftierung von Ernst Huber über die Runden zu kommen. Außerdem vermutete man, dass Ernst Huber bewusst Schulden machte um nicht ins Gefängnis zu müssen. Dazu heißt es unter anderem:

*"Er (*Ernst Huber, Anm. des Verfassers) *hat einen 17- jährigen Sohn, der ebenfalls in Arbeit steht, welcher wöchentlich 30,-- DM verdient. Seine Ehefrau ist auch berufstätig; sie verdient wöchentlich 40,-- DM. Die in dem Strafaufschubsgesuch gemachten Angaben entsprechen nur teilweise der Richtigkeit. Wenn der Gesuchssteller angibt, zur Erreichung seiner Arbeitsstelle in Nürnberg ein Moped zu gebrauchen, so muss entgegengehalten werden, dass Ernst Huber seit Oktober 1953 ständig auf den Baustellen seines Arbeitgebers in Röthenbach / Pegnitz (aber niemals in Nürnberg) tätig war. Ob zur Erreichung der Arbeitsstellen am eigenen Wohnort ein Fahrzeug erforderlich ist, erscheint fraglich. Das bei der Firma Sluka gekaufte Moped ist noch mit 426,-- DM zuzüglich 176,-- DM Anzahlungsschuld belastet. Vor zwei Monaten kaufte Huber bei der Fa. Gumbert einen Gasherd zum Preis von 520,-- DM, wofür noch nichts bezahlt wurde. Huber tätigte wahrscheinlich bewusst verschiedene Kaufabschlüsse und wegen dieser durch die fortlaufenden Zahlungen entstandenen Notlage versucht er durch Gesuchsstellung vermutlich sich der Strafvollstreckung zu entziehen ... Durch sofortigen Strafvollzug würde nur dem Verurteilten (aber nicht der Familie, weil Sohn und Ehefrau Selbstverdiener sind) der Nachteil erwachsen, dass er seinen Abzahlungsgeschäft nicht mehr nachkommen kann... Einen Gnadenerweis wäre zu verneinen."*

10.6.   Andreas Noak: Tragödie um die Ehefrau

Wesentlich tragischere Gründe führte die dieselbe Rechtsanwältin für ihren weiten Mandanten Andreas Noak, der in dem Verfahren zu (nur) zwei Monaten Gefängnis verurteilt worden war, in ihrem Gnadengesuch an:

"Er (der Verurteilte Andreas Noak, Anm. des Verfassers) *wurde damals lediglich von der Sucht einer Reihe von Leuten, die auf jede Art und Weise durch die Beschaffung von Altmetall zu Geld kommen wollten, angesteckt. Der Verurteilte ist öfter vorbestraft; seine letzte Strafe liegt jedoch vor 1948. Seit vorgenannter Verurteilung hat Herr Andreas Noak schwere Schicksalsschläge zu erdulden gehabt. Seine Ehefrau, mit welcher er seit 1946 verheiratet ist und die ihm vier Kinder geschenkt hat ... musste sich in diesem Frühjahr wegen einer plötzlich auftretenden großen Hirngeschwulst einer Operation unterziehen, seit welcher sie rechtsseitig gelähmt ist und Sprachstörungen hat. Nach der Operation konnte zunächst damit gerechnet werden, dass das Leben der Frau gerettet werden kann. Inzwischen musste Herrn Noak von den behandelnden Ärzten klargemacht werden, dass nicht nur mit keiner Besserung gerechnet werden könne, sondern bei dem ständigen Kräfteverfall der Frau bald ihr Ableben eintreten wird. Die Frau wiegt nur noch 70 Pfund, bei einer Größe von 1,68 m. Eine Verständigung ist mit ihr nicht mehr möglich.*

Beweis: beigefügte Bestätigung.

Seit der Erkrankung der Frau Noak versieht der Verurteilte seine Kinder vollständig alleine. Nur unter schwersten Opfern gelang es ihm, den Haushalt zu versehen und seiner Arbeit nachzugehen ... Es ist selten zu finden, dass ein Mann in wirklich aufopfernder Weise für seine große Kinderschar aufkommt. Er arbeitet in Röthenbach/Pg., ca. 3 min vom Haus entfernt und kann deshalb mehrmals am Tag seine Wohnung aufsuchen und die Kinder beaufsichtigen. Während der Mittagszeit kommt er nach Hause und wärmt das jeweils am Abend vorher gekochte Essen. Mitleidige Geschäftsleute haben ihm eine alte Waschmaschine geschenkt, damit er die Wäsche für seine Kinder automatisch waschen kann. Die Öffentlichkeit muss bei dieser Situation Interesse daran haben, dass die aufopfernde Sorge eines schwer geprüften Mannes für seine Kinder nicht gedämpft, sondern angespornt wird. Dies kann geschehen, wenn man ihn für eine geringfügige, schon sehr lange zurückliegende Straftat Bewährung gibt ... Durch seine anständige Haltung in einer außerordentlich schwierigen Situation hat er bereits bewiesen, dass er ein charakterlich wertvoller Mensch ist. Nicht nur der Verurteilte, sondern auch jeder gerecht empfindende Mensch würde es als eine untragbare Härte empfinden, wenn Herr Noak, der vom Schicksal so schwer gekennzeichnet wurde, nun auch noch eine zwar gerechte - jedoch jetzt als besonders hart empfundene - Strafe verbüßen müsste. Es geht nicht an, einen Menschen, der bereits unter kaum tragbaren seelischen Nöten leidet, bis zur Zerreißprobe zu belasten. Letztlich hat auch die Öffentlichkeit Interesse daran, dass der Steuerzahler nicht unnötigerweise mit den Kosten der Heimunterbringung der Kinder belastet wird, zumal Herr Noak bisher keine öffentlichen Mittel für seine Kinder in Anspruch genommen hat, sondern die Kinder alleine ernährte. Ich bitte deshalb ergebenst, dem Verurteilten im Gnadenwege Bewährungsfrist bewilligen zu wollen."

Die Stellungnahme des Oberstaatsanwaltes beim Landgericht Nürnberg - Fürth war wesentlich kürzer - und emotionsloser. Dort heißt es im Wesentlichen:

"Rechtsanwältin Dr. Lehmann ... bittet... namens des Verurteilten um bedingten Straferlass. Durch das bevorstehende Ableben seiner Frau müsse der Verurteilte für seine vier Kinder, die z.T. noch im zartesten Alter stünden, ohne fremde Hilfe sorgen. Das öffentliche Interesse erfordere daher bedingten Straferlass für den Verurteilten, um ihm dies zu ermöglichen.

In Übereinstimmung mit dem Gericht ... sehe ich keinen Anlass zu dem erbetenen Gnadenerweis. Für die Zeit der Strafverbüßung werden die Kinder durch die öffentliche Fürsorge unterzubringen sein. Der Verurteilte ist - seiner Persönlichkeit und der hier in Frage stehenden Straftaten nach - eines Gnadenerweises nicht würdig. Von der Erholung einer Anschlusserklärung des Verurteilten und der Durchführung von Ermittlungen glaube ich absehen zu können."

Aus heutiger Sicht ist es erschreckend, wie hier, noch dazu Jahre nach der Tat, entschieden wurde, ohne auch nur mit einem Wort auf das Kindeswohl einzugehen. Immerhin war das jüngste Kind des Andreas Noak zum Zeitpunkt der Stellungnahme der Staatsanwaltschaft gerade zwei Jahre und einen Monat alt, das zweitjüngste noch keine sechs Jahre. Da fühlt man sich an den Spruch *"Fiat Justitia et pereat mundus"* (Gerechtigkeit muss geschehen, auch wenn die Welt dabei untergeht) erinnert. Vorbereitet wurde diese Stellungnahme in der Staatsanwaltschaft übrigens vom Ersten Staatsanwalt Herf, der damals in Röthenbach die Anklage vertreten hatte. Den Generalstaatsanwalt plagten jedoch keine solchen Zweifel. Er folgte seinem Untergebenen Herf und entschied am 24. August 1956 kurz und knapp:

"Das Gesuch eignet sich nicht zur Berücksichtigung.

Eine ähnlich emotionslose Herangehensweise findet sich auch in einem Gutachten des Landgerichtsarztes vom 12.7.1956. In diesem wird die Frage geprüft, ob es sich nachteilig auf den Gemütszustand von Frau Noak auswirken würde, wenn sie ihr Mann wegen seines Haftantritts nicht mehr besuchen könnte:

> *"Ich habe bisher nicht den Eindruck, dass sie* (gemeint ist Frau Noak, Anm. des Verfassers) *sich über irgendetwas aufregen kann ... auf jeden Fall möchte ich Ihre Anfrage, ob durch eine Aufregung eine lebensgefährliche Komplikationen eintreten kann, verneinen. Meines Erachtens handelt es sich bei Frau Noak um einen reinen Pflegefall, bei dem keine Aussicht auf Wiederherstellung besteht, die daher in eine Pflegeanstalt gehört oder in ein Siechenheim... Es wurde auch der behandelnde Arzt noch fernmündlich angerufen, der ebenso wie in seinem Schreiben der Ansicht war, dass Frau Noak, falls Herr Andreas Noak seine Frau wegen der Verhinderung durch den Gefängnisaufenthalt nicht mehr besuchen könnte und man ihr dies mitteilen würde, dadurch bei ihrer Stumpfheit und mangelndem Verständnis nicht beeindruckt würde ... Auf Befragen teilte der behandelnde Arzt mit, dass Herr Noak sich in letzter Zeit intensiv um seine Frau bekümmerte. Es wäre zu überlegen, ob aus allgemeinen Erwägungen die Strafverbüßung bis zum Tod der Frau hinausgeschoben werden kann. Dies kann allerdings noch Monate dauern."*

Die Stellungnahme des Landgerichtsarztes schließt mit dem lapidaren Satz:

> *"falls gewünscht wird, dass Frau Noak im Krankenhaus in Lauf aufgesucht werden soll, bitten wir um Rückleitung der Akten."*

Der letzte Satz enthüllt, dass der Landgerichtsarzt seine Stellungnahme mit dem Telefonhörer in der Hand vom Schreibtisch in Nürnberg aus gefertigt hat, ohne die todkranke Frau, um die es ging, je selbst gesehen zu haben! Dennoch war die Justiz im Ergebnis nicht ganz so herzlos, wie man vielleicht aufgrund der oben zitierten Aktenauszüge denken möchte. Andreas Noak wurde zwar nicht begnadigt, ihm wurde jedoch von Amts wegen Strafaufschub von einigen Monaten bewilligt. In der betreffenden Entscheidung, die wiederum vom Ersten Staatsanwalt Herf vorbereitet worden war, heißt es unter anderem:

> *"Die Ehefrau des Verurteilten befindet sich nach Entfernung eines Gehirntumors in einem hoffnungslosen Zustand ... Die bisher vom Verurteilten und seiner Verteidigerin vorgetragenen Gründe für weiteren Aufschub, dass Frau Noak durch die*

Strafverbüßung ihres Mannes in ihrem Zustand nachteilig beeinflusst werde und die vier noch kleinen Kinder ohne Pflege seien, können nicht mehr in Betracht gezogen werden. Frau Noak kann in ihrem gegenwärtigen Zustand nicht mehr erfassen, was vorgeht, die Kinder werden in jedem Fall fremder Pflege überantwortet werden müssen, wenn der Verurteilte die Strafe verbüßt. Es ist indessen nicht zu erwarten, dass Frau Noak die nächsten Monate überlebt. Bei dieser Sachlage erscheint es unvertretbar, den Verurteilten in den letzten Lebenstagen seiner Frau die Strafe verbüßen zu lassen und ihn beim Tode der Mutter den Kindern zu entziehen. Ich schlage daher vor, den Verurteilten von Amts wegen Aufschub von einigen Monaten zu bewilligen."

Trotz des Strafaufschubs bleibt dieser Vorgang "harter Tobak". Auch wenn Andreas Noak die Haft sicher nicht sofort nach dem Tod seiner Frau antreten musste, dürfte er bald nach diesem in das Gefängnis eingerückt sein, während die Kinder für die Zeit seiner Strafhaft zu anderen Menschen oder sogar in ein Heim kamen.

10.7.   Hans Meier: Der lange Weg zurück in die Freiheit

Auch Hans Meier wollte sich mit dem Urteil nicht abfinden. Seine diesbezüglichen Schritte blieben jedoch lange erfolglos. Mit Urteil vom 26. August 1954 verwarf der 1. Feriensenat des Bundesgerichtshofs die Revision, die Hans Meier gegen das Urteil vom 23. Dezember 1952 eingelegt hatte, im Wesentlichen. Danach stellte er erfolglos Antrag auf Wiederaufnahme des Verfahrens.[41] Anschließend stellte er mehrfach Anträge auf Begnadigung. Dies unter anderem unter Hinweis darauf, dass die Strafe für ihn unverhältnismäßig hoch ausgefallen sei.

Sein Verteidiger führte diesbezüglich in einem Schriftsatz vom 12. Oktober 1956, also fast vier Jahre nach dem Urteil, aus:

"Zur Zeit seiner Verurteilung hatten infolge der Koreakrise die Diebstähle an Altmetall überhandgenommen und unter dem Eindruck dieser Straftaten war die ausgesprochene Strafe so hoch ausgefallen. Ich habe einmal nachgerechnet, dass der Gesamtschaden, der durch die Diebstähle entstanden ist, etwa 3000.- bis 4000.- DM beträgt, keinesfalls mehr als 5000.- DM. Wenn man überlegt, dass dafür diese gesamte Zuchthausstrafe von fast neun Jahren gegenüber steht, dann wundert man

---

[41] Ein solches Wiederaufnahmeverfahren ist häufig der letzte Rettungsanker für rechtskräftig Verurteilte. Die Anforderungen hierfür sind sehr hoch, weshalb entsprechende Anträge selten Aussicht auf Erfolg haben.

sich nur immer wieder, wenn für andere, wirklich schwere Verbrechen, insbesondere an Leib und Leben, nur wenige Jahre Zuchthaus verhängt werden ... Fest steht, dass der angerichtete Schaden in keinem Verhältnis zu der Höhe der Strafe steht."

Die vom Verteidiger angegebene Schadenshöhe ist nicht ganz nachvollziehbar, da ja im Verfahren ganz andere Beträge genannt wurden. Dennoch hat seine Argumentation einiges für sich. Schließlich gab es schon Totschläger, die mit einer geringeren Strafe davongekommen sind. Dennoch wurde dem Antrag nicht stattgegeben. Zur zusätzlichen Begründung dieses Antrags führte Hans Meier aus, dass er "auffälligerweise" am Tag, nachdem er sich zu dem Wiederaufnahmeantrag entschieden hatte, aus der Strafanstalt Nürnberg

"in die Strafanstalt Straubing überstellt (worden sei), *obwohl die Strafvollzugsbehörden davon Kenntnis hatte, dass ein Antrag auf Wiederaufnahme in Angriff genommen werde."*

Weiter argumentierte er damit, dass ihm durch den unterbrochenen Kontakt mit seinem Verteidiger und die dadurch entstandene Zeitverzögerung auch Nachteile im Wiederaufnahmeverfahren entstanden seien. Insbesondere seien im Herbst 1955 zwei wichtige Entlastungszeugen verstorben. Meier sah sich wohl als Opfer einer Verschwörung der Justiz, die versuchte, ihn bei der Wahrnehmung seiner Rechte zu behindern. Ein Jahr später versuchte er es mit einem Antrag auf gnadenweise Entlassung. Allerdings ohne großen Erfolg. Mit Entscheidung vom 10. Dezember 1956 lehnte das Bayerische Staatsministerium der Justiz sowohl den Antrag auf gnadenweise Entlassung sowie das gleichzeitig gestellte Gesuch auf Strafunterbrechung ab. Einen kleinen Erfolg konnte er jedoch erringen. Immerhin wurden ihm vier Monate Zuchthausstrafe, die er wegen einer vorherigen Verurteilung in einer anderen Sache erhalten und bereits abgesessen hatte, auf seine Reststrafe aus dem Röthenbacher Verfahren angerechnet. Gänzlich erfolglos blieb dagegen ein weiteres Gesuch um gnadenweise Verkürzung der Strafhaft, das im Januar 1958 abgelehnt wurde.
Hans Meier blieb jedoch hartnäckig und im April 1958 bestätigte sich auch für ihn, dass steter Tropfen den Stein höhlt. In diesem Monat konnte sich der Erste Staatsanwalt Herf nämlich dazu durchringen, eine bedingte Strafaussetzung ab August 1958 anzuregen. Allerdings sah Herf, ebenso wie die Strafanstalt Straubing, in der Meier einen Großteil seiner Gefängniszeit verbracht hatte, keinen Grund für eine Begnadigung. (Die Strafan-

stalt Amberg, in die er zwischenzeitlich verlegt worden war, sprach sich dagegen für eine solche aus.) Allerdings kam auch der Erste Staatsanwalt im Ergebnis zu einer Verkürzung der Reststrafe. Zu Gunsten von Hans Meier führte Herf nämlich aus:

> *"Indessen halte ich es für vertretbar und angebracht, Meier für einen Strafrest, etwa ab dem 1.8.1958, bedingte Strafaussetzung zu bewilligen. Er befindet sich seit 18. 5. 1951 bis heute ununterbrochen in Strafhaft, das heißt nunmehr seit fast sieben Jahren. Die empfindliche und unbelehrbare Art, die in der Stellungnahme der Strafanstalt Straubing mit Recht hervorgehoben wird, äußert sich auch in den zahllosen Eingaben und Beschwerden ... Indessen ist diese Empfindlichkeit gegen vermeintliches Unrecht nicht hervorgerufen durch einen Mangel an Einsicht in die Strafwürdigkeit seines früheren Verhaltens. Der an sich nicht unintelligente Mann kann möglicherweise unter dem Eindruck der bisherigen Strafhaft zu einem ordnungsgemäßen Leben zurückgeführt werden, wenn die Bindungen an seine Familie, die zu zerfallen drohen, nicht völlig zunichte gemacht werden ... Meier ist auch zweifellos bewusst, dass bei einer neuen Straftat ernsterer Art die Sicherungsverwahrung für ihn droht. Wenn ein Versuch, ihn noch einmal die Rückkehr in geordnete Verhältnisse zu ermöglichen, gemacht werden soll, was ich für angezeigt halte, ist der Zeitpunkt geeignet, in dem er in seiner Familie noch einen Rückhalt finden kann und in seinen positiven Wesenszüge angesprochen werden kann."*

Wer hätte gedacht, dass Staatsanwalt Herf sich einmal so positiv über Meier äußern würde? Letztlich war also der lange Kampf, den Meier nach seiner Verurteilung geführt hatte, um die gegen ihn verhängte Strafe zumindest teilweise zu verkürzen, nicht ganz erfolglos geblieben.

Nachwort

Am Ende noch ein paar persönliche Worte. Darüber, wie ich auf das Thema "Röthenbacher Prozess" kam, woher die hier enthaltenen Informationen stammen und einige sonstige Überlegungen. Am Anfang steht natürlich die Frage, wie jemand, der 1960 geboren ist, auf ein Thema aus den frühen 1950-er Jahren stößt. Hier ist die Antwort eigentlich recht einfach. Das erste Mal höre ich von einem "großen Prozess, der in Röthenbach in einem Wirtshaus verhandelt wurde" und in dem es um bandenmäßig ausgeführte Metalldiebstähle ging, von meinem Vater Ernst Pürner, der selbst vier Bücher und vielen Zeitungsartikel über die Röthenbacher Lokalgeschichte, insbesondere vor, während und direkt nach dem Zweiten Weltkrieg publizierte und dabei manches, was ansonsten in Vergessenheit geraten wäre, für die Nachwelt erhalten hat. Über die Jahre kamen wir ab und an auf das Thema zu sprechen und ich nahm mir vor, mich irgendwann einmal auf die Suche nach Materialien zu diesem Thema zu machen. Ein Vorsatz, aus dem etliche Jahre nichts wurde. Etwa zwei Jahrzehnte nachdem ich das erste Mal von dem Prozess gehört hatte, machte ich in Regensburg meine Referendarzeit. Dabei fiel mir auf, dass auf den Vorderseiten aller Gerichtsakten ein Platz für einen Vermerk vorgesehen ist, in dem festzuhalten ist, wann eine Gerichtsakte entweder vernichtet oder aber in das Staatsarchiv abgegeben werden soll, weil sie möglicherweise einen gewissen historischen Wert besitzt. Wieder zehn Jahre später bin ich Sozius in einer Dreierkanzlei mit Sitz am Plärrer in Nürnberg und damit in fußläufiger Entfernung des Staatsarchives. Irgendwann erfuhr ich, dass dieses Archiv jeweils Mittwoch Abendöffnung hat.[42] Ich beschloss also, mich dort auf die Suche nach der Akte zu machen.

Und tatsächlich war die Akte zu dem Röthenbacher Prozess in das Staatsarchiv abgegeben worden. Woraus ich mit einem deftigen Schuss Lokalpatriotismus nur schließen konnte, dass auch dieser Vorgang einen "gewissen historischen Wert" besitzt. Nachdem ich dann auch noch mein Forschungsvorhaben und meine wissenschaftlich lauteren Absichten durch Ausfüllen eines umfangreichen Formulars dargelegt hatte, und versichert hatte, Datenschutz und Persönlichkeitsrechte zu beachten, forderte ich die Akte an. Da im Nürnberger Staatsarchiv zigtausende von Aktenstücken lagern, dauert es natürlich etwas, bis man die angeforderten Ar-

---

[42] Eine praktische Einrichtung, die hoffentlich nicht irgendwann im Zuge der allgemeinen Kostenersparnis abgeschafft wird, da nur sie es Menschen, die mit beiden Beinen in einem Beruf stehen, der nichts mit geschichtlicher Forschung zu tun hat, ermöglicht, das Archiv zu benutzten.

chivalien bekommt. Weil in vermutlich allen Archiven der Welt die Akten in weitläufigen Kellern gelagert sind, gibt es für den Vorgang der Bereitstellung von Akten aus einem Archiv ein spezielles Verb, das an Bergwerke, oder aber auch an Schatzsuche, erinnert. Man spricht nämlich davon, dass Akten "ausgehoben" werden.

In dem Wort steckt aber auch ein Hinweis darauf, dass Akten durchaus ein erhebliches Gewicht, nicht nur im intellektuellen Sinne, haben können. Im Falle des Röthenbacher Prozesses ist dieser Begriff durchaus berechtigt. Als ich am folgenden Mittwoch erwartungsvoll in das Archiv kam warteten nämlich nicht ein, zwei oder drei übliche Aktenordner auf mich, sondern ein ganzer Sackkarren, von der Art wie man sie früher auch beim Beladen von Güterwaggons an Bahnhöfen eingesetzt hat, mit zahlreichen Kartons voller Unterlagen. Die Auswertung der Unterlagen nahm deshalb einige Zeit in Anspruch. Bedingt durch einen Umzug nach Bonn ruhte das Projekt dann einige Jahre. Erst im Jahr 2010 fasste ich meine Ergebnisse für einen Vortrag zusammen. Von diesem Punkt bis zur Überlegung, das Ganze auch schriftlich zusammen zu fassen, war es nur ein kurzer Weg. Wesentlich länger dauerte dann wieder die Umsetzung.

In die Länge gezogen hat sich all dies auch, weil die Rekonstruktion des Prozesses anhand der glücklicherweise erhaltenen Prozessakte ist nicht eben der schnellste Weg ist, um den Prozess sowie sein Vor- und Nachgeschichte zu recherchieren. Man hätte es sich auch einfacher machen können und die Recherche mit den wesentlich kürzeren Presseartikeln beginnen oder überhaupt auf diese beschränken können. Allerdings wäre dabei vermutlich eine wesentlich andere Geschichte herausgekommen. Zum einen erschließen sich die Vorgänge während der Ermittlungen, die Hintergründe der Verlegung des Prozesses in den Böhmsaal und auch die "Nachspiele" zu dem Prozess aus diesen Presseberichten überhaupt nicht. Zum anderen halten einige Bewertungen, die in den Presseberichten abgegeben werden, einer Nachprüfung anhand der Gerichtsakten nicht stand.

Das Problem damit, Prozesse alleine anhand von Presseberichten nachzuerzählen, ist jedoch noch grundsätzlicher. Diese Presseberichte sind nämlich in der Beschreibung und Würdigung der Personen meist eher reißerisch und versuchen erst gar nicht, die Persönlichkeiten der Angeklagten differenziert zu sehen. Da gehen Urteile häufig anders heran. Ein gutes Beispiel hierfür sind die Ausführungen zur Persönlichkeit des Hans Meier in dem Urteil der IV. Strafkammer.

Die Originalakte gestattet aber auch allgemeine Einblicke in die damalige Zeit allgemein. Dies fängt bereits bei dem verwendeten Papier an. Das war damals sehr knapp, dass man auch auf die Rückseite nicht mehr benötigter Schriftstücke aus anderen Verfahren schrieb. Manche interne handschriftliche Vermerke der Richter und des Staatsanwalts finden sich deshalb auf der Rückseite von in englischer Sprache maschinenschriftlich abgefasster Notizen und Vermerken aus dem sogenannten „Wilhelmstraßenprozess", dem vorletzten Nürnberger Kriegsverbrecherprozess, bei dem vor allem Mitarbeiter des Auswärtigen Amtes und anderer Ministerien angeklagt waren. Einige dieser Blätter enthalten unter der säuberlich auf jeder Seite oben rechts wiedergegebenen Überschrift "CROSS CLOSING BRIEF FOR DR. LAMMERS" Ausführungen in englischer Sprache, die von einem der Verteidiger anlässlich seines Schlussvortrags (Plädoyers) gehalten wurden. Sie sind bis ins Einzelne ausformuliert, wichtige Stichwörter sind unterstrichen. Diese Ausführungen betreffen Hans Heinrich Lammer, den Chef der Reichskanzlei, der als "Bürochef" Hitlers unter anderem für die Verwaltung von dessen Einkommen, u.a. aus dem Verlauf des Buches "Mein Kampf", verantwortlich war. Dieser wurde zu 20 Jahren Haft verurteilt, die 1951 dann in eine zehnjährige Haftstrafe umgewandelt wurden. (Alleine das, was sich dort auf der Rückseite der handschriftlichen Notizen aus dem Röthenbacher Prozess über dieses andere Verfahren findet, wäre ein eigenes Kapitel wert.)

Auch die Maschinenschrift, in der die Schriftstücke abgefasst sind, geben Hinweise auf die damalige beschränkte materielle Situation: Im gesamten Schriftgut findet sich im Original kein "ß". Da kaum anzunehmen ist, dass man damals die Rechtschreibreform unserer Tage schon vorausgeahnt hat, dürfte der Grund darin liegen, dass man Schreibmaschinen aus amerikanischer Produktion benutzt hat, die diesen typisch deutschen Buchstaben nicht besitzen.

Der Prozess gewährt jedoch nicht nur Einblicke in die damalige Zeit, sondern er wirft in Anbetracht der damaligen Presseberichterstattung auch eine Frage auf, die erst heute zunehmend in das Bewusstsein der Strafrechtswissenschaft tritt. Dies ist die Frage, eines veränderten Blickes auf die Öffentlichkeit von Gerichtsverfahren. Ursprünglich sollte durch diese Öffentlichkeit die Angeklagten vor unfairen Prozessen geschützt werden. Heute fragt man sich dagegen zunehmend, ob eine zu große Öffentlichkeit, insbesondere durch die Medien, sich nicht in das Gegenteil verkehrt und die Angeklagten in unfairer Weise "an den Pranger stellt".

Kritisch erscheint die damalige Presseberichterstattung aber auch aus einem anderen Grund: Vieles darin scheint nämlich offensichtlich darauf angelegt, die im Umland herrschenden Klischees von Röthenbach als proletarischem "Kamerun", in dem ein bunt zusammengewürfelter Haufen von Leuten, die aus ländlichen Gegenden zugezogen war, in denen sie kein ausreichende Auskommen fanden, sein Unwesen trieb, zu bestätigen.

Der vorliegende Bericht behauptet nicht, ein vollständiges oder abschließendes Bild der damaligen Ereignisse zu geben. Zusätzliche Informationen, aber auch kritische Anmerkungen, sind per Mail unter office@stefanpuerner.de willkommen.

Abschließend möchte ich mich (in der Reihenfolge ihrer Beteiligung am Entstehen dieses Buches) bedanken bei:
- meinem Vater Ernst Pürner für die ersten Informationen zu dem Prozeß und seinem zeitgeschichtlichen Umfeld,
- meiner Familie Indira, Hanna und Jonas Pürner, für das Verständnis und die Geduld, die sie mir während der Arbeit an der Rekonstruktion dieses Gerichtsverfahrens sowie seiner Vor- und Nachgeschichte entgegenbrachten,
- den Mitarbeitern des Staatsarchivs, der Stadtarchive Nürnberg und Lauf und des Zeitungsarchivs der „Nürnberger Nachrichten" und der „Nürnberger Zeitung" für die Unterstützung bei der Materialsuche,
- der unermüdlichen Vorsitzenden des Geschichtsvereins Röthenbach an der Pegnitz, Frau Renate Gagel, für die Möglichkeit, meine Ergebnisse bei einem Vortrag des Vereins vorzustellen und dabei weitere Berichte von Zeitzeugen zu hören, sowie – last not least-
- meinem Doktorvater und ehemaligen Chef Herrn Prof. Dr. Dres. h.c. Friedrich-Christian Schroeder, Regensburg, für das Vorwort.

Gewidmet ist diese Arbeit dem Andenken meines Vaters Erst Pürner.

Informationen zu den „Beiträgen zur fränkischen Lokalgeschichte und–kultur"

Das vorliegende Buch ist der erste Band der „Beiträge zur fränkischen Lokalgeschichte und –kultur", in der künftig in unregelmäßiger Folge Berichte, Beiträge, Dokumente und sonstige Texte zur lokalen Geschichte und Kultur Frankens veröffentlicht werden sollen.

Dies können, wie vorliegend, umfassende Rekonstruktionen historischer Ereignisse sein, aber auch kürzere lokalgeschichtliche Aufsätze, Augen- und Zeitzeugenberichte über bedeutende, aber auch über alltägliche Ereignisse in Franken, sowie Texte zu Bräuchen oder zu Musik (von Volksmusik bis hin zu Rock) aus Franken. Auch literarische Texte mit Bezug zu Franken, ob in Mundart oder Hochdeutsch, sind willkommen.

Die „Beiträge zur fränkischen Lokalgeschichte und –kultur" wollen bewußt keine wissenschaftliche Reihe sein, sondern lokales Geschehen in allen seinen Facetten dokumentieren und kommentieren. Dabei müssen die Ereignisse, um die es geht, weder weltbewegend sein, noch Bezug zu ganz Franken haben. Es ist nicht einmal erforderlich, dass die Beiträge „typisch fränkisch" sind. Überraschende Dinge und Ereignisse, die man auf den ersten Blick nicht unbedingt mit Franken in Zusammenhang bringen würde, sind ebenso willkommen. (In einem der nächsten Bände dieser Reihe wird beispielsweise u.a. das Thema „Franken und die Science Fiction" behandelt werden.)

Die „Beiträge" haben in erster Linie die Dokumentation der fränkischen Lokalgeschichte und - kultur zum Ziel und verfolgen keine kommerziellen Zwecke. Etwa anfallende Erlöse werden zwischen den Beteiligten einer Ausgabe geteilt.

Autoren und andere Interessierte werden um Kontaktaufnahme unter office@stefanpuerner.de gebeten.

Weitere Bücher
zur Röthenbacher Lokalgeschichte
des 20. Jahrhunderts

Weitere Informationen zur Röthenbacher Lokalgeschichte des 20. Jahrhunderts enthält die vierbändige Reihe „1934-1946: Eine persönliche Chronik" von Ernst Pürner, in der folgende Bände erschienen sind:

I. Teil: Der Luftkrieg
140 Seiten, ISBN 3-924158-73-8,

II. Teil: Letzte Friedens- und erste Kriegsjahre
208 Seiten, ISBN 3-924158-73-0

III. Teil: Der totale Krieg
196 Seiten, ISBN 3-924158-82-7

IV. Teil: 1945 - Ein Jahr wie kein anderes
200 Seiten, ISBN 3-924158-85-1

Weitere Bücher von Stefan Pürner

Geklont - 12 verblüffende Kurzgeschichten, die Sie früher oder später erleben werden
154 Seiten, ISBN 978-3-9808998-2-6

Sgt. Pepper Live: Eine Beatles Fiktion
160 Seiten, ISBN-10: 3931624463